KGV
Parzelle
zu verpachten

Stefan Schwarz

Der kleine Gartenversager

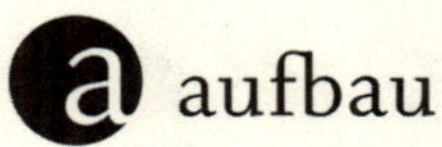

STEFAN
SCHWARZ

Der kleine Gartenversager

Vom Glück und Scheitern
im Grünen

Mit Illustrationen
von Katharina Greve

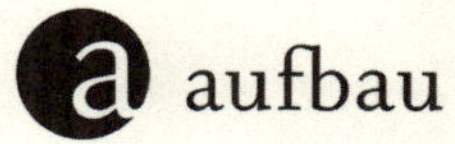
aufbau

ISBN 978-3-351-03770-3

Aufbau ist eine Marke der Aufbau Verlag GmbH & Co. KG

3. Auflage 2020

Einbandgestaltung Katharina Greve, Berlin / zero-media.net, München
Satz LVD GmbH, Berlin
Druck und Binden CPI books GmbH, Leck, Germany
Printed in Germany

www.aufbau-verlag.de

Für Katja

Vorwort oder Wozu brauche ich einen Kleingarten, wenn ich schon groß bin?

Als meine Frau noch meine Freundin war, wurde sie eines Tages – wie geplant – schwanger. Und zwar außerordentlich schwanger. Vorher eine Modellathletin mit einstelligen Körperfettprozenten, nahm sie nun in einem Maße an Umfang zu, dass ich schon dachte, auweia, jetzt hast du aus Superwoman Jabba the Hutt gemacht. Also lockte ich sie sooft es ging zum Spazierengehen ins Freie, um ein paar Kalorien zu verbrennen. Dabei kamen wir eines Tages auch in eine nahe Kleingartensparte. Unser Blick fiel auf den Aushang, in dem ein freier Garten angepriesen wurde. Wir merkten uns die Nummer und als wir an diesem Garten vorbeikamen, sah er uns ganz versonnen an und zeigte uns seinen zwischen Buchs und Schilf allerliebst geborgenen und mit Gänseblümchen übersäten Rasenplatz.

»Ach«, seufzte meine runde Freundin, »hier könnte unser Baby auf der Wiese krabbeln.«

Sie legte die Hände auf ihren Bauch, und ich

legte meine Hände auf ihre. Da machte es Tripptrapp im Bauch. Wir sahen uns von Glück verzaubert an.

»Es hat Ja gesagt!«, jauchzte ich.

»Lass uns diesen Garten pachten!«, rief meine Freundin.

Gesagt, getan. Das war vor achtzehn Jahren, und wir sind immer noch zusammen. Meine Frau, der Kleingarten und ich.

Die Ehe und der Kleingarten haben viel gemeinsam. Erstens weiß man vorher nicht, worauf man sich einlässt, zweitens werden beide umso besser, je mehr Arbeit man in sie hineinsteckt. Ebenso wie die Ehe ist der Kleingarten nichts für Weicheier. Wer sein aufgeblasenes Phantasie-Ich schützen will, sollte nicht mal in die Nähe eines Kleingartens kommen. Denn hier tut sich dem angehenden Gärtner eine ganze Welt der drohenden Inkompetenz auf. Er wird Bäume verkrüppeln oder aus Versehen ganz entasten, wo er eigentlich einen Obstbaumschnitt vornehmen wollte. Er wird geteert und in Dachpappe gerollt auf seinem Laubendach liegen, wo er doch eigentlich nur eine undichte Stelle ausbessern wollte. Er wird auf den Knien durch die Himbeeren robben und beim Gierschauszupfen merken, dass er die jungen Triebe der Himbeeren fürs nächste Jahr gleich mit ausgerissen hat.

Und trotz dieser Verzweiflung wird er am Ende des Tages ein besserer Mensch sein. Schon rein körperlich. Kleingärtnerei ist die artgerechteste Haltungsform des Homo sapiens. Auf der ganzen Welt sieht man Hundertjährige in ihren Gärten herumpusseln, aber nie in Fitnessstudios. Denn genauso wie das Affenhaus Pongoland im Leipziger Zoo den Schimpansen und Orang-Utans mit viel Baumstammgewirr und Seilgehänge eine ausgetüftelt anregende Umgebung bietet, genau so hält der Kleingarten den Menschen, der ihn pflegt, auf Trab. Er muss klettern, hangeln, sich bücken, watscheln und knien. Wer sich schon einmal mit einem Eimer Kirschen in den Zähnen (der ihm die Sicht nimmt) aus vier Metern Höhe einen Weg nach unten ertastet hat, weiß, dass auf diese Weise Muskelgruppen beansprucht werden, die kein Sportanimateur aus einem heraustrainiert bekommt.

Doch der Reiz des Kleingartens ist nicht nur ein körperlicher, sondern auch ein seelischer, und damit meine ich nicht die bekannte Befriedigung, wie sie eine kleine Ernte oder ein gejätetes Blumenbeet bescheren. Nein, der Kleingarten labt die Seele mit seiner unvergleichlichen Mischung aus Privatheit und Offenheit. Man ist für sich, aber alle können gucken – und vor allem hören –, was man macht oder auch nicht macht. Ich habe schon ganze Ehedispute in den Garten verlegt, nur weil sie dort rücksichtsvoller verlaufen als in der Wohnung.

Im Kleingarten muss man sich benehmen und kann sich doch äußerlich gehen lassen. Hier tragen sonst seriöse, ältere Herren kurze Hosen aus abgeschnittenen Jeans, und Damen laufen in Schlabberhemden rum, die nicht verbergen, dass es auch darunter schlabbern darf. Ein Kleingartenverein ist wie eine Hippiekommune aus preußischen Offizieren, und ich mag das. Obwohl es in diesem Buch manchmal anders herüberkommen mag, liebe ich die altertümliche Strenge und das Halten auf Ordnung. Anders als sonst in unserer jugendverliebten Welt ist im KGV der Ältere fast immer der Klügere, denn Gärtnern lernt man durch Scheitern, und alte Gärtner sind einfach mehr gescheitert und deswegen, nun ja, gescheiter.

Kleingarten heißt im Jahresverlauf denken und vor jede Woche, jeden Monat ein »ich muss« setzen, denn was ich im April nicht getan habe, brauche ich im Mai nicht mehr zu tun, und die oben erwähnten Kirschen verwandeln sich in wenigen Tagen in etwas sehr Widerliches, Verpilztes, Braunklumpiges, wenn man sich nicht den sprichwörtlichen Tritt in den Hintern gibt und hochklettert, solange es noch Zeit ist. Und doch ist dieses Terminhafte des Kleingärtnerlebens das eigentliche

Leben selbst. Denn im Mehrgenerationenprojekt Kleingartenverein hält auch der Sensenmann jedes Jahr seine Ernte, und manch einer fehlt, weil er nicht mehr kann, obschon er noch mochte, oder einer fehlt ganz, weil er nicht mehr muss, weil alles Müssen ein Ende gefunden hat. Deswegen ist man freundlich zueinander. Die Alten verzeihen den Jungen ihre Fehler und die Jungen verzeihen den Alten ihre Sprüche. Und von alldem handelt dieses Buch.

Der perfekte Erntezeitpunkt für Zucchini – und warum es ihn nicht gibt

»Wir machen dies Jahr auf dem vorderen Beet Zucchini«, sagt meine Frau, »Zucchini gedeihen immer.«

Sie spielt auf meine wenig erfolgreiche Schwarzwurzelzucht im vergangenen Jahr an. Von den hundert zerbrechlichen Schwarzwurzelsamen, die ich im klirrekalten Frühmärz gesät hatte, waren nur ein Dutzend aufgegangen und das auch noch an einer einzigen Stelle, sodass ich die Pflänzchen nicht so herzhaft vereinzeln konnte, wie ich geplant hatte. Stattdessen beschloss ich, vom Wenigen alles zu retten und die überzähligen umzupflanzen, was bisher noch nie ein Mensch mit Schwarzwurzelpflänzchen versucht hat. Und zwar, weil es nicht geht. (Jedenfalls nicht außerhalb eines NASA-Labors!) Danach hatte ich nur noch sechs Schwarzwurzelpflanzen, die von März bis Oktober das große, ansonsten leere Beet in einer Ecke kläglich begrünten. Ich wagte es jedoch nicht, den übrigen Platz anderweitig zu bepflanzen, weil ich keine

Unverträglichkeiten riskieren wollte. Im Oktober ernteten wir dann das halbe Dutzend nicht übermäßig prächtiger Wurzeln, schälten sie unter beachtlicher Verdreckung der Küche und kochten sie zehn Minuten. Dann bekam jeder einen Löffel voll auf den Teller, und wir genossen still den erdigen, muffigen Geschmack.

Jetzt also Zucchini.

Der Plastikteller unter den Essgeschirren. Das Gemüse, mit dem man nichts falsch machen kann. Zucchini ist als Spezies eigentlich eine Transe. Ein Kürbis, der eine Gurke sein will. Anspruchslos und irgendwie essbar. Hätte ganz gut in die DDR gepasst. Gab es meines Wissens aber nicht im Gemüsehandel oder höchstens in sehr ambitionierten Kleingärten, denn auch bei längerem Nachsinnen will mir kein Gericht meiner Kindheit und Jugend einfallen, in dem Zucchini oder von mir aus irgendwelche ins DDR-Deutsch übersetzten »Kürbislinge« eine Rolle gespielt hätten.

»Und diesmal werde ich sie vorziehen!«, verkündet mein Weib.

»Wem willst du sie vorziehen?«, frage ich beleidigt, »mir etwa?«

Unter uns: Zucchini spielen neben Gurken eine nicht unerhebliche Rolle im Sexualkundeunterricht. Gerade mehr realistisch gesinnte Gemüter unter den Lehrern nehmen lieber junge Zucchini als Gurken, um das Aufrollen eines Kondoms oder den Anstellwinkel bei der Fellatio zu demonstrieren. Junge Zucchini wecken keine falschen Erwartungen.

»Nein, ich werde sie in Töpfen vorziehen und dann auspflanzen, damit es nicht noch einmal so eine Pleite gibt wie mit den Schwarzwurzeln.«

Vier Wochen später haben wir fünf perfekte Zucchini-Jungpflanzen auf dem Fensterbrett. Fünf! Was wir nicht wissen: Fünf Zucchinipflanzen reichen für die Versorgung einer Kleinstadt. Zucchini sind sehr produktiv. Sie wuchern wie Rhabarber und hecken unter ihren Blättern Früchte wie nichts Gutes. Eine halbe Zucchinipflanze würde für einen Haushalt üppig reichen. Leider gibt es keine halben Pflanzen. Praktisch jeden Abend seit Juni kommt einer von uns mit Zucchini aus dem Garten. Ich will es mal vorsichtig formulieren. Es gibt nicht so viele Zucchinirezepte wie eine normale Pflanze pro Jahr Zucchini auswirft. Hinzu kommt, dass Zucchinirezepte nicht so richtig fetzen. Zucchinis kommen in der Küche immer dann ins Spiel, wenn der Koch nach dem Probieren sagt: »Hier fehlt noch ein bisschen was Schales und Matschiges!« Mit Zucchini kann man aus jedem Gericht die Struktur und den Biss entfernen. Zucchini sind das Gemüse, das beigegeben wird, wenn die Edelgemüse gerade alle sind, aber der Teller noch irgendwas Grünes braucht. Ich höre schon die Stimmen der Heuchler, die mir jetzt erzählen, was für leckere Sachen man aus Zucchini zaubern kann. Aber das sind alles Axtbreirezepte, wo mit viel Gewürz und Fett Geschmack in ein Nichts gepresst wird.

Irgendwann noch recht früh im Sommer habe ich mich dann mit Zucchinipfanne und Schafskäse im Zucchinimantel überfressen und weigere mich, den überfruchtbaren, vermaledeiten Kleinkürbis in welcher Form auch immer zu mir zu nehmen. Meine Frau aber will noch nicht aufgeben:

»Die frittierten Blüten der Zucchini sollen übrigens eine Delikatesse sein! Einfach die Zucchiniblüten in Tempurateig oder Ähnliches tauchen und sie dann frittieren. Das sah wirklich appetitlich aus!«

Ich bleibe unbegeistert.

»Man kann alles frittieren!«, erkläre ich, »man kann alte Fahrradgriffe frittieren, und sie schmecken lecker. Die Frittierfähigkeit ist kein geeignetes Kriterium für die Beurteilung eines Gemüses.«

»Oder wir machen Zucchininudeln!«, schlägt meine Frau vor, »der letzte Schrei! Bei Edeka gibt's die teuer zu kaufen!«

Meine Frau will mich mit der Umsonstigkeit unserer Zucchini locken. Wir brauchen Zucchininudeln oder »Zoodles« (so der brunzbekloppte denglische Handelsname) nicht zu kaufen! Haha! Wir können sie uns jeden Mittag oder Abend mithilfe eines einfachen Handspiralschneiders und einer halben Stunde sehnenscheidenentzündender Dreharbeit selber machen! So sparen wir jedesmal neunundneunzig Cent, haben unsere eigene »Zoodlesuppe« und fallen danach herrlich »gezoodelt« hinter den Trog wie der spannenlange Hansel und die »zoodledicke« Dirn!

Aber nicht mit mir. Zucchininudeln sind die perfekte Tellerfüllung für alle, die etwas essen wollen, ohne dass der Körper das mitkriegt. Für alle, die was essen wollen, wo andere einfach nichts essen würden. Der Marketingkapitalismus ist ja erfindungsreich, wenn es darum geht, fade, abfallnahe, gerade so noch verdauliche Gemüse in »Schlankmacher« umzupropagieren. Wenn ich etwas esse, dann will ich auch, dass es dick macht. Die Angst isst schließlich mit. Was soll das für ein Essen sein, wenn man nicht mehr fürchten muss, es am Ende auf den Hüften zu haben?

Wie auch immer. Wir kommen zu keinem guten Ende. Wir erörtern noch eine Weile das Verschenken, aber anders als bei Kirschen und anderem

Saisonobst schenkt man seinen Nachbarn und Freunden mit einem Korb voll Zucchini eigentlich Verarbeitungsstress, den man dann selber nicht mehr hat. Und die merken das und machen dann nicht mehr auf, wenn man klingelt.

Weil wirklich keiner mehr Zucchini essen will und kann, ernten wir sie auch nicht mehr. Ein Fehler. Um einigermaßen essbare Zucchini zu ernten, muss man quasi daneben stehen bleiben. Sie sind eben noch zu klein, und wenn man sich einmal umdreht, schon wieder zu groß. Es ist nicht so sehr ein Ernten, eher ein Haschen und Zupacken, bevor die sich unaufhaltsam blähende Zucchini aus der Erntereife entwischt. Sie nicht zu ernten, ist allerdings keine Option, wie wir jetzt erfahren. Nach anderthalb Wochen schieben sich dunkelgrüne oberschenkelgroße Torpedos aus dem Blattwerk. Wer einfach mal richtig riesengroße Früchte haben will, wird an vernachlässigten Zucchini seine helle Freude haben. Es ist ein bisschen demütigend. Während andere, von uns heiß und innig ersehnte Früchte fast ausschließlich untermaßig bleiben, entfaltet sich das einzige Gemüse, das niemand haben will, in üppiger Pracht. Noch mal anderthalb Wochen später versperren Dutzende Zucchini in Fliegerbombenformat wichtige Gartenwege. Man muss über sie hinwegsteigen und ich frage mich gerade, ob diese

Dinger noch mit einer Gartenschere vom Trieb zu trennen sind oder ob ich eine Machete kaufen muss, als sich hinter mir jemand kraftvoll räuspert.

Es ist der VauVau.

Er hat das Räuspern wahrscheinlich beim Militär gelernt. Es ist ein knieerweichendes Räuspern, ein Räuspern, bei dem man instinktiv hinter irgendeiner Mutti Schutz suchen möchte. Aber ich bin ein erwachsener Mann, und ich werde mich jetzt umdrehen.

»Zucchini müssen ordentlich durchgepflückt werden«, sagt der VauVau, »Mindestens zwei Mal die Woche.«

Ich gebe brummelnd zu, dass wir es ein bisschen haben schleifen lassen.

»Ihre Zucchini sind einfach nur so fett, weil sie ungepflückt sind!«, meint der VauVau.

Ich nicke so schuldbewusst, wie ich kann. Hoffentlich nervt ihn meine Unterwürfigkeit bald und er trollt sich.

»Bei Zucchini darf man nichts anbrennen lassen. Ich habe schon mal an einem Tag zwanzig Zucchini gepflückt«, protzt er.

»Sie sind ja ein richtiger Schnellpflücker!«, lobe ich ihn und muss mir auf die Zunge beißen, um ihn nicht zu fragen, ob er seine Zucchini lieber von hinten oder von vorn pflückt.

»Ihre da könnense jedenfalls nur noch auf den Kompost tun«, resümiert der VauVau, »das ist alles nur noch Schale und Kerne.«

Ich danke für die Information und verkrümele mich unter viel »Na, da werd ich mal!« und »So geht es ja nicht weiter!« in Richtung Schuppen. Der VauVau verlässt mich, denn er hat GF Katzsche entdeckt, der seine Tomaten ausgeizt. Beide stehen bald zusammen am Zaun und reden leise. Nur am Kopfschütteln von GF Katzsche kann ich erkennen, dass sie über mich reden.

Ich lerne derweil den einzigen wirklichen Vorteil der Zucchini kennen. Große Zucchini lassen sich hervorragend auf den Kompost werfen. Sie liegen gut im Arm und ihr im Verhältnis zur Größe angenehmes Gewicht macht sie zum perfekten Wurfgemüse. Ich verstehe überhaupt nicht, warum die

Leute ihren Unmut gegen miese Politiker mit faulen Tomaten ausdrücken. Die Trefferquote ist erbärmlich, und man saut sich eher selber voll als das Zielobjekt. Mit einer überreifen Zucchini hingegen, groß wie eine Gasflasche und in lauter Schleim und Kerne prächtig zerschmaddernd beim Aufprall, kann man halbe Landesregierungen von der Bühne fegen.

Vierhundert Euro gespart

»Waldbaum!«, sagt der VauVau und zeigt auf unsere Blautanne. »Richtig!«, lobe ich ihn, obwohl mir schwant, dass er nicht vorbeigekommen ist, um mit seinem Vorschulwissen über die allgemeine Herkunft von Nadelbäumen zu prahlen. »Waldbäume sind Fremdsorten im Kleingarten und genießen keinen Bestandsschutz!«, fährt er denn auch fort. Das ist schlecht. Dass etwas keinen Bestandsschutz genießt, ist Bundeskleingartendeutsch für »Verabschieden Sie sich alle noch mal von ihrer lieben Oma!« Bestandsschutz hingegen ist Leben und Zukunft. ÜGLs zum Beispiel genießen Bestandsschutz. Wenn sie eine ÜGL aus DDR-Zeiten haben oder im Zuge einer Gartenpacht erwerben, dann kann Ihnen keiner was. ÜGLs sind die zweistöckigen Backsteinhäuser, die sich ostdeutsche Kleingartenspartaner zu DDR-Zeiten aus, na sagen wir mal, »Mitbringseln« des Volkseigentums gemauert haben. (Entscheidend für die Mitnahme von Volkseigentum aus den Betrieben war, dass gerade keiner guckte. Dieses etwas sehr oberflächliche Kriterium führte unter anderem dazu, dass zum Beispiel im Erzgebirge auch Uranschlacke im großen Stil entwendet wurde, »weil gerade keiner guckte«. Diese Schlacke wurde zur Befestigung von Auffahrten und Zuwegen verwendet. Und wenn Sie Ihre Freunde im Erzgebirge besuchen, dann können Sie die letzten hundert Meter getrost die Augen zumachen und einfach dem anschwellenden Knattern des Geigerzählers folgen. Das nur zur Illustration des ebenso besinnungs- wie hemmungslosen Diebstahls von Volkseigentum.)

Und obwohl also diese kleinen zusammengetricksten Gartenschlösser mit ihren Schlafgemächern, Wohnzimmern und Kochnischen geradezu hohnlachend gegen ostdeutsches wie westdeutsches Recht verstießen und verstoßen, gewährte man ihnen im Einheitsvertrag Bestandsschutz. So sehr fürchtete man den Zorn der ostdeutschen Kleingärtner! Der Bestandsschutz erlischt nur bei völliger Zerstörung der Übergroßen Gartenlaube, etwa durch ein Elementarereignis wie einem Präzisionslaserangriff von Außerirdischen, was von Versicherungsmathematikern aber statistisch als Null gerechnet wird.

Unsere Blautanne genießt diese unglaublichen Vorrechte nicht. Angepflanzt im Zuge der Koniferenbegeisterung in den frühen Siebzigern hat sie mittlerweile eine stolze Höhe erreicht. Mit einem Teppich aus braunen Nadeln versauert sie den Boden um sich herum, und ich bin darüber ganz froh, weil ich da nicht Rasen mähen muss und meine Schubkarren unterstellen kann.

»Hier!«, zieht der VauVau eine Karte aus der Gesäßtasche, »rufen Sie den mal an. Fachmann für Baumfällung.« Der VauVau schreitet fort, und ich will mich schon wundern, dass er nichts weiter zu bemerken hat, als er dann doch noch ein paar Meter weiter ruft: »Aber nicht erst nächstes Jahr!«

Der Fachmann für Baumfällung kommt und ist sein Geld wert. Möglicherweise nicht als Baumfäller, in jedem Fall aber als Schauspieler. Schon beim Eintreten ruft er: »Oho, mein lieber Mann! Da haben Sie aber etwas lange gewartet mit dem Entfernen! Was für ein Ungetüm! Der wird seine sieben Meter haben. Und hier unten der Stamm. Das sieht man auch nicht alle Tage! Da kommen ja zwei Männer nicht mit ihren Armen rum!«

Ich bezweifle dies, es sei denn, die Männer hätten Stummelärmchen. Doch der Baumfällexperte bleibt fest in Text und Gebärde. Er deklamiert weiter, Blautannenholz sei eines der schwierigsten Hölzer überhaupt, zäh und harzig, mit normalen Sägeblättern sei da gar nichts zu erreichen. Schon misst er mit Augen und Daumen und weist etwaige Fallwege, sieht auch hier nur Schwierigkeiten, hält Sonderequipment für erforderlich und erzählt dann Gräuelgeschichten von Waldbäumen in Kleingärten, die auf Nachbarlauben stürzten, Gartenfreunde erschlugen oder den eigenen Hund. Alles nur, weil jemand zu geizig war und einen Stümper beauftragte.

»Also, ich mach Ihnen das«, schließt er sein kleines Dramolett, »vierhundert plus Märchensteuer.«

(Wer als Handwerker einen Preis nennt, ohne »plus Märchensteuer« zu sagen, muss offenbar sofort seinen Gewerbeschein abgeben.) Ich finde das viel, aber ich sage es ihm nicht, weil ich nicht weiß, ob der nächste Fachmann nicht ein noch größerer Horrordarsteller ist und fünfhundert verlangt. Tatsächlich schaffe ich es, ihn bis zum Abend zu vertrösten. Bei solchen Auslagen sei ehelicher Konsens vonnöten. Und wenn irgendwas seltener als Schneeleoparden ist auf dieser Welt, dann ist es ehelicher Konsens.

»Mein Vater hat alle Bäume immer selbst umgehauen«, sagt meine Frau am Abend. Meine Kinder gucken erst zu mir und dann zu ihr mit diesem Mutti-warum-bist-du-mit-diesem-Schwächling-zusammen?-Blick.

»Ja, ich weiß«, winke ich ab, »wahrscheinlich mit der Handkante oder einem einzigen Fusstritt!«

Ich erkläre ihr, dass ich keiner dieser Selbermacher bin. Wenn ich etwas selber mache, muss ich danach einen Handwerker kommen lassen, der es wieder in Ordnung bringt. Also wähle ich die Abkürzung und bestelle gleich einen Fachmann.

»Trotzdem«, meint meine Frau, »vierhundert Euro. Der hat ja wohl einen Knall. Das sind Preise für Rentner, die nichts mehr vererben wollen. Stell dir mal vor, ein Holzfäller im Wald würde für jeden Baum vierhundert Euro kriegen. Da wären die alle Millionäre!« Sie grübelt, ob sie nicht Freunde hätte, die das für einen Kasten Bier machen würden. Und wie sie so rumgrübelt, fällt ihr ein, dass sie unlängst eine Reportage bei der Feuerwehr gemacht hat.

Als ich zwölf war, wollte ich ja auch mal Feuerwehrmann werden. Ich fand es toll, an einer Stange vom zweiten Stock schnurstracks in die Garage im Erdgeschoss zu trudeln oder mit einem straff gespannten Sprungtuch eine aus dem qualmenden Fenster springende Oma aufzufangen. Oder besser noch ein schmuckes Frollein im Negligé. Nur hoffentlich nicht beide auf einmal aus verschiedenen Fenstern, denn dann hätten wir Feuerwehrmänner uns entscheiden müssen und Herz und Hormone hätten vielleicht sogar das Sprungtuch zerrissen.

Aber ich bin in Schwerin groß geworden, einer

Stadt, deren Brandgeschehen man durchaus mit dem Wort »übersichtlich« bezeichnen darf. Schweriner sind durch und durch ordentliche Menschen, denen nicht einfach mal besoffen im Bett die Zigarette aus dem Mundwinkel gleitet oder die ihre angeschalteten Tauchsieder aus Versehen in ein Kästlein mit spiritusgetränkter Holzwolle neben der Acrylgardine legen und dann das Haus verlassen. Während meiner gesamten Kindheit hat es, glaube ich, nur einmal gebrannt in der Stadt. Im Umland brannte es etwas öfter, aber dann waren es Kuhställe, und mein Vater machte »die Zigarette danach« dafür verantwortlich, worauf meine Mutter meinen Vater mit dem Vornamen ansprach und mich sofort aus dem Zimmer schickte. Also nahm ich Abstand von diesem Berufswunsch, da mir monate-, ja jahrelanges Warten und Kartenspielen mit anderen Feuerwehrmännern vor Augen stand.

»Ich rufe die mal an«, sagt meine Frau und sucht in ihren Profikontakten nach der Nummer vom Brandmeister.

Denn, was ich nicht weiß, ist: Im Leben von Feuerwehrmännern ist kein Platz für Kartenspiele. Wenn Feuerwehrmänner nicht im Einsatz sind, üben sie. Sie kriechen in voller Montur und Sauerstoffgerät durch Trainingsröhren, retten Trainingspuppen, zerschneiden Trainingsautos und fällen natürlich auch Trainingsbäume. Meine Frau braucht also nicht lange zu bitten, sondern nur drei Mal kurz zu kichern und »Sie sind mir ja einer!« durchs Telefon zu zwitschern, und schon rückt eines nebligen Apriltages die gesamte Feuerwache West an. Hebt Tore aus, rollt die Hubarbeitsbühne heran, bockt sie auf, fährt sie aus und portioniert unsere Blautanne so rasant, als stünde sie auf einer Notlandebahn mit der Air Force One im Anflug. Meine Frau hat Schnittchen gemacht und ergötzt sich an der eigentümlichen Erotik von Männern, die sich leicht verschwitzt den Sichtschutz am Helm hochschieben. Ich stehe daneben und sage nichts, weil mich jedes Wort nur noch lächerlicher machen würde.

»Siehste! So fix ging das! Für ein paar Schnittchen!«, lobt sich meine Frau hernach.

Ja, ich sehe! Und zwar Folgendes:

Feuerwehrmann ist man, weil man retten, bergen und löschen will, weil man in höchster Not eben das Nötigste tun will. Und zwar nur das Nötigste. Quasi nur das Actionzeug. Den Feuerwehrmann kümmert es nicht, wie das Haus aussieht, nachdem er dort den Dachstuhlbrand gelöscht hat, was aus dem Auto wird, nachdem er den eingeklemmten Fahrer herausgeschnitten hat, und natürlich kümmert es ihn auch nicht, was aus dem Baum wird, den er klein geschnitten hat. Der

Feuerwehrmann sägt mit seinen trainierten Armen, was zu sägen ist, und dann heißt es: Einsatz beendet! Auf Wiedersehen!

Die Blautanne liegt jetzt mindestens sieben Meter lang (der Baumfällwucherer hat doch ganz gut geschätzt) in Halbmeterstücken auf dem Rasen. Loses Tannengrün für dreihundert Weihnachtskränze noch daneben. Es ist aber April. Die Uhr tickt. In zwei Wochen wollen wir angrillen.

Meine Frau reicht mir das Beil und küsst mir Zuversicht auf die Wange. Dann geht auch sie.

Ein paar Stunden später habe ich gerade mal die Stammstücke entastet. Das Tannengrün liegt jetzt osterfeuerhoch im Garten. Aber Ostern ist vorbei. Ich stehe auf einem Stammklotz und versuche, das Beil wieder aus dem Holz zu reißen, in das ich es mit einem gewaltigen Hieb geschlagen habe. Ah, Blautannenholz, zäh und harzig. Wenn meine Kraft so groß wie mein Hass wäre, hätte ich das Beil schon wieder frei.

Da kommt Opi Powileit den Weg heruntergeschnuppert, weil er wissen will, wer hier mit so dicken Reifen durch den Hauptweg gerollt ist. Dann bemerkt er das Loch im Weichbild unseres KGVs. Wo einst unsere Blautanne war, ist jetzt nur noch Horizont.

»War denn Sturm?«, ruft er über den Zaun. Anders kann er sich nicht erklären, dass ein Baum, wenn auch ein zerstückelter, quer im Garten liegt. Ich erkläre, dass Freunde mir die vermaledeite kleingartensortenfremde Blautanne »abgenommen« hätten (niemand hat mir hier irgendwas abgenommen, aber ich will jetzt auch nicht die liebe, gute Feuerwehr nass machen, die das für lau erledigt hat), und dass ich sie jetzt zu Brennholz hacken wolle.

»Aber wahrscheinlich ist es noch zu feucht«, rufe ich und weise verzweifelt lachend auf das im Stirnholz feststeckende Beil.

»Nä, du bist noch zu feucht«, lacht Opi Powileit und tappert wieder weg. Doofer Greis, denke ich, und ruckele und reiße am Beil, bis es endlich wieder frei ist. Doch ich meine, im Augenblitzen von Opi Powileit einen Hinweis gesehen zu haben. Die Alten haben ja dieses Geheimwissen, das sie nicht rausrücken, nur, um mit uns Jüngeren ihren Spaß zu haben. Ich fasse mit der flachen Hand aufs Stirnholz und betaste die Jahresringe. Gibt es gewisse Stellen in der Maserung, die das Holz auseinanderspringen lassen, wenn man sie trifft? Muss man von Nord nach Süd schlagen? Ist der Untergrund zu weich? Sollte ich das Stammstück besser auf eine Steinplatte stellen?

Während ich so meinen inneren Baumversteher

zu erwecken versuche, höre ich hinter mir das leichte Rasseln von Opi Powileits mit täglich zwanzig Zichten Salem gelb ausgeteerten Lungenflügeln. Er hat seine Axt geholt und schiebt mich jetzt, krumm und mürbe, wie er ist, beiseite. Ängstlich mache ich einen Ausfallschritt zur Seite, denn Opi Powileit kriegt die langstielige Axt kaum über den Kopf. Dann lässt er sie auf das Stammstück sausen, das unter diesem Hieb auseinanderspringt. Ächzend bückt er sich nach einer Hälfte, kriegt sie kaum zum Stehen und schlägt noch einmal drauf. Zwei feine, ganz vorbildliche Brennholzscheite fallen auseinander. Wie kann dieser Tatterich solche Blöcke spalten? Wozu gehe ich dreimal die Woche zum Kraftsport? Ja, habe ich mir denn nur Zirkusmuskeln antrainiert? Kann mich denn jetzt jeder hier zum Hanswurst machen!?

Opi Powileit schmeißt seine Axt einen Meter neben meine ins Gras und meint kurzatmig pfeifend hin und her zeigend:

»Beil! … Axt!«

Als ich noch nicht gleich verstehe, setzt er unwillig hinterher:

»Du Winnetou! Du Tomahawk! Ich Old Shatterhand! Ich Spaltaxt!«

Er lässt sie mir da. Glücklich probiere ich die Spaltaxt mit demselben phantastischen Ergebnis und erschaudere vor dem Gedanken, was tagelanges Herumkloppen mit dem untauglichen Beil aus mir gemacht hätte. Hoch lebe die Gartenfreundschaft!

Als ich jetzt endlich professionell ans Holzhacken gehe, fällt mir ein, dass ich den Berg Tannengrün vom Rasen bringen muss, bevor er von all den Nadeln sauer wird und vergilbt. Gott sei Dank habe ich vor fünfzehn Jahren einen Sohn gezeugt, der vor lauter Untätigkeit wunderlich zu werden droht. Ich ordere ihn in den Garten. Er kommt und fragt mürrisch lauernd, was ich denn von ihm wolle. Ich beauftrage ihn damit, das Tannengrün per Schubkarre auf den Feuerplatz im nahen Auenwald zu bringen. Der Sohn kann Arbeitsumfänge schon recht gut einschätzen, und deswegen kommt Widerstand in ihm auf. Er sagt, er hätte schon den Geschirrspüler eingeräumt. Ich entgegne, das wäre vor zwei Wochen gewesen. Er bietet an, das Tannengrün später wegzubringen, nur jetzt nicht. Ich beharre. Der Sohn meint, Kevin aus seiner Klasse müsse nie im Garten helfen. Ich erkläre, das sei nicht verallgemeinerbar. Der Sohn stampft mit den Füßen und meint, nie dürfe er sich ausruhen, und er wäre nicht mein Sklave. Ich weise ihm die Schubkarre, die am abgesägten Baumstumpf lehnt. Der Sohn schnauft und überlegt, ob er nicht generell mit seinen Eltern brechen und auf der Straße leben solle, als hier »stets und ständig« ausgenutzt und umhergeschubst zu werden. Gott sei Dank reicht seine Phantasie, um sich einen nebligen, regennassen April auf der Straße vorstellen zu können. Also zieht er los, bepackt die Schubkarre natürlich zu voll, verliert auf dem Weg die Hälfte und rastet aus. Ich weiß nicht, von wem er das hat.

Meine Frau kommt mit Kaffee und Kuchen, und da macht er sich lieber ohne weiteres Theater auf den Weg, weil seine Mutter imstande ist, seine Wutanfälle mit zu viel Computerspielen in Verbindung zu bringen, und das möchte er nicht.

Ich hingegen spalte im vom Schweiß durchnässten T-Shirt die Baumstammstücke, wie es Männer eben so tun. Extra lässig schmeiße ich die Holzscheite auf einen Haufen. Hinten im Auwald ertönt das Geschrei meines Sohnes, der wieder die Hälfte des Tannengrüns verloren hat.

»Wo hast du die andere Axt her?«, fragt meine Frau, während sie mir einen Pott Kaffee eingießt. Mit nur einem Klacks Milch, wie ich es mag.

»Vom Powileit«, antworte ich, »wir hatten keine Spaltaxt!«

»Spaltaxt?«, fragt meine Frau.

»Solche Stämme spaltet man nicht mit dem Beil, sondern mit der Spaltaxt!«, gebe ich das Wissen meiner Vorväter weiter und lasse dabei meine Stimmbänder durchhängen, damit ich klinge wie Jason Robards in »Spiel mir das Lied vom Tod«. Ich nehme den Pott Kaffee in meine beiden harzverkrusteten Hände und puste drauf.

»Danke«, sage ich knapp. Dann nehme ich die Spaltaxt und lege sie mir über die Oberschenkel, weil sie meine »kleine Lady« ist, die Spaltaxt, und ich schon viele Abenteuer mit ihr erlebt habe …

Das sollte die Feuerwehrmänner doch deutlich in den Hintergrund rücken.

Als wir zur Nacht das Bett besteigen, zeigt sich meine Frau denn auch erwärmt und lädt mich ein, ihre Seite des Bettes zu besuchen. Doch ich merke schon beim Versuch, hinüberzurücken, dass das stundenlange Zerspalten unserer Blautanne meine Spannkraft erschöpft hat. Schlapp und unter Schmerzen rolle ich wieder zurück. Aber für Männer, die nur noch platt auf dem Rücken liegen können, weil sie der Familie das Kaminholz für einen sehr langen und sehr kuscheligen Winter geschlagen haben, haben Frauen Extraleistungen der erotischen Fürsorglichkeit parat, die sonst nicht im Angebot sind.

Herr Doktor, ich blühe zu früh!

Wir haben einige Frühblüher im Garten, die eher das Ende des Winters als den Frühling ankündigen. Zum Beispiel die Christrose. Der zu Weihnachten viel besungenen Christrose (»Es ist ein Ros' entsprungen« meint eben jene und nicht die echte Rose) reicht ein Loch im Schnee und schon haut sie ihre Blüten raus. Völlig egal, ob Januar oder Februar. Die Ungeduld als Pflanze. Wahrscheinlich denkt sie: Wer zuerst blüht, wird zuerst bestäubt. Aber falsch gedacht: Bienen drehen sich zu solchen Jahreszeiten maximal noch mal um, und auch die dicken eingemummelten Hummeln brummen noch nicht im Tiefflug über die nasskalte Erde. Die ungeduldige Christrose wurde früher als Mittel gegen Wutanfälle verabreicht, was ich aber meiner Frau verschweige, damit sie nicht auf Ideen kommt. Es gab nämlich auch immer wieder Probleme mit der Dosierung. (»Drei Topfen rot, zehn Tropfen tot!« heißt die Anleitung, und das überrascht einen jetzt nicht sonderlich. Wer schon mal in einem

Wutanfall versucht hat, exakt drei einzelne Beruhigungstropfen auf einen Löffel zu fuchteln, der weiß, dass Ruhe und ewige Ruhe hier vermutlich dicht beinanderliegen). Meine Frau hegt überdies schon eine Reihe von schönblütigen Pflanzen, die als Tee gereicht einen plötzlichen und unerwarteten, aber dann auch irgendwie ganz natürlich wirkenden Herztod verursachen. Sie nennt diese Pflanzen scherzhaft ihre »Scheidungsanwälte«. Wir lachen oft herzlich darüber, aber ich trinke vorsichtshalber schon seit Jahren nur Kaffee.

Dann, ab Ende Februar, bimmeln die Schneeglöckchen schockweise auf unserem Rasen. Sie warnen den zu dieser Zeit noch seltenen Gartenbesucher vorm Betreten der Grünfläche, denn der Februarrasen ist weich und klebrig und bleibt gern in großen Flatschen an den Schuhen hängen. Den Schneeglöckchen folgen die Märzbecher, die aber

wirklich einen dicken Klacks Sonne brauchen und sich bei anhaltendem Frost weigern, ihrem Monatsnamen Ehre zu machen.

Will heißen, wir hatten auch schon mal Aprilbecher. Da mussten sie sich dann aber richtig ranhalten, dass sie nicht mit den Maiglöckchen ins Gehege kamen, denn die Blüten der Maiglöckchen sehen aus wie Märzbecher, nur etwas kleiner und als Traube. Ich weiß, wie Frauen darauf reagieren, wenn sie jemanden entdecken, der das gleiche Blütenkleid trägt, und wenn Pflanzen auch nur ähnlich darauf reagieren, dann will ich das nicht in meinem Garten.

Jedenfalls ist es Fakt, dass Märzbecher keine Becher sind (drehen Sie die Blüte mal um und stellen Sie sie auf einen Tisch), sondern ebenfalls Glöckchen. Ich verstehe, dass es ein gewisses Abwechslungsbedürfnis gibt, was die Pflanzennamen betrifft, aber gerade für unsere ausländischen Mitbürger wäre es eine ordentliche Erleichterung im Vokabeltraining, wenn draußen erst die Februarglöckchen, dann die Märzglöckchen und dann die Maiglöckchen blühen täten. Dafür spricht, dass der hier zunächst ausgelassene April in unserem Garten ebenfalls einer Glocke gehört, nämlich der Kuhglocke oder Kuhschelle, wie sie richtig heißt. Die Aprilglocke namens Kuhschelle ist ein kleines

Wunder in für diese Jahreszeit ganz ungewöhnlichen Blau- und Violetttönen und trägt auf der Außenseite ihrer Blütenblätter einen samtigen Pelz, wie es wohl angezeigt ist, wenn die Nächte noch frisch sind. Wie alle Frühblüher braucht sie gar nichts außer einer trockenen, sonnigen Ecke und ist dankbar für Vernachlässigung. Sie erinnert mich in ihrem bläulich verwaschenen Pelz an gewisse ältere Diven, die früh zu Banketten kommen, damit man sie noch beachtet und fotografiert und die dann ebenso früh wieder leider gehen müssen, weil sie wissen, dass sie in der jugendfrischen Pracht, die nach ihnen kommt, verloren gehen würden. So aber staunt man die Kuhschelle im noch völlig nackten Garten immer wieder an, welche Farben sie so früh im Jahr schon zu zeigen weiß.

Wenn hingegen die Schlüsselblumen blühen, weiß ich, dass der Frühling wirklich da ist. Es ist wie ein Zunicken mit ihren kleinen gelben Trompetenblüten, eine Bestätigung. Ja, du darfst jetzt was im Garten machen. Die Schlüsselblume kommt erst raus, wenn es arbeitswarm und der Boden trocken ist. Sie ist eigentlich eine Primel, was ich ihr nachsehe, obwohl ich Primeln als notorische Insassen des Schwiegermutterblumentopfs eigentlich nicht so mag. Sie hat vor den Blütenblättern lange Kronblättertrompeten, die etwas an die Hundetrichter erinnern, mit denen Wuffi davon abgehalten werden soll, sich an schlimmen Stellen zu lecken. Tatsächlich verhindert die Schlüsselblume damit, dass sie sich selbst bestäubt. Selbstbestäubung ist gerade bei streng konservativen Frühblühern ein schwieriges Thema, und mit dieser langen Kronblätter-Röhre um die Staubblätter herum wird effektiv verhindert, dass junge Schlüsselblumen nachts an ihren Griffeln herumspielen. Erst, wenn ein schmucker Schmetterling mit seinem langen Rüssel bei ihr landet, wird sie befruchtet, und so hat es die Natur gewollt. Die wunderschöne, von mir innig geliebte Schlüsselblume verblüht, wenn das erste Ernten beginnt. Sie weiß, was alle Frühblüher wissen: Dass jetzt niemand mehr ein Auge für sie hat.

Dicke Bohnen und Brennnesseljauche

Anfang März, wenn noch eisige Winde über die westsächsische Agrarsteppe blasen, gehe ich in den Garten. Ich bin allein. In meinen frostklammen Händen halte ich eine Schale mit den graubraunen, vor Trockenheit etwas eingeknitterten Bohnensamen. Es sind dicke Bohnen oder auch Puffbohnen, und niemand hier in Sachsen isst so was. »Pferdefutter« hat Gartenfreund Katzsche meine Dicke-Bohnen-Pflanzung mal genannt. GF Katzsche hat es übrigens nötig. Bei dem gibt es freitags Flecke süßsauer, was oberflächlich lecker klingt, aber nur so heißt, damit keiner mitkriegt, dass es Rindermagen ist. Also Pansen. Das ist ja wohl ganz klar Hundefutter. Rein philosophisch gesehen, verdaut hier ein Magen den anderen. Da muss man schon sehr speziell drauf sein. Aber meine dicken Bohnen schelten.

Ich komme aus Mecklenburg. Dicke Bohnen mit Speck und Kartoffeln gehörten zu meinem Sommerferienglück. Allein der Anblick der in der Pfanne zwischen den Speckstücken schmurgelnden Bohnen vermittelte mir einen Seelenfrieden, den ich kaum zu beschreiben vermag. Ich glaube, dass man Kriege beenden könnte, indem man gusseiserne Pfannen mit dicken Speckbohnen dem Feind in den Schützengraben schiebt. Es ist unmöglich, nach einem solchen Gericht gegenüber irgendjemandem oder irgendetwas Hass oder auch nur Abneigung zu empfinden.

Dicke Bohnen sind das einzige Gemüse, in dem ich tatsächlich Selbstversorger bin. Aus Gründen. Der eigene Anbau ist bei diesem Essen Bedingung, denn dicke Bohnen gibt es im Handel höchstens als Einweckware, und wenn überhaupt, nur in der zarten, früh gepflückten, eher salattauglichen Variante. Meine Großmutter aber bereitete sie erst zu, wenn sie schon ein bisschen mehlig waren. Dadurch hatten sie Biss und schmeckten nicht mehr so grün.

Also fröstele ich mich im März in den Garten. Pieke in die geradeso nicht mehr gefrorene Erde alle zwei Handbreit ein fingertiefes Loch und lege zwei Bohnenkerne hinein. Drei, vier Wochen sieht es so aus, als hätte man umsonst gesät, aber dann schieben sich die schon recht ansehnlichen Blätter durch die Erde und die dicke Bohne strebt nun eilends dem Himmel entgegen. Sie hat allen Grund zur

Eile, denn die schwarzen Bohnenläuse kommen ab Anfang Mai, um meine dicken Bohnen wie tausend kleine Vampire auszusaugen und zu schwächen. Wenn sie dann nicht schon stark und blütenreich sind, lutschen sie die Läuse aus, bis sie nur noch zwei mickrige Böhnchen in schlappen Schoten hinkriegen. Deswegen ist es wichtig, sie in die Erde zu bringen, wenn es sich draußen anfühlt wie Stalingrad 1943.

Als ich die kalte Aussaat vergaß und erst Mitte April die Bohnen vergrub, krümelten sich ein paar Wochen später Bohnenläuse wie ein teuflischer schwarzer Kaviar um die zarten Spitzen, um sie zu erwürgen. In mir kam sofort eine ursprüngliche, ganz und gar neandertalerhafte Wut auf, wie ich sie nicht mal bei Schneckeninvasionen empfunden hatte. Ich marschierte in den Gartenmarkt und verlangte das grausamste Insektizid, das gerade noch die Zulassung beim Bundesumweltamt bekommen hätte. Der Verkäufer zog sich Handschuhe über, öffnete den Giftschrank hinter sich und entnahm eine luftdicht und doppelwandig verpackte Phiole mit Multimortus-Exitus-Omnivividozid, von der ich bitte 0,045 Milliliter in einem Hektoliter Wasser auflösen solle, um die Mixtur dann feinneblig auf die Pflanzen zu versprühen. Er empfehle dringend das Tragen von Mundschutz und Brille, da der Kontakt mit Schleimhäuten bei empfindlichen Personen zu unangenehm wandernden Lähmungserscheinungen und Bewusstseinseintrübung führen könne. Auch solle man Hunde fernhalten, es sei denn, man wünsche sich insgeheim einen Kanarienvogel.

Ich spürte meine Wut abrupt verrauschen. Mit eingetrübtem Bewusstsein vor einer Schüssel prächtiger, garantiert schädlingsfreier, dicker Bohnen zu sitzen und aufgrund einer spontan in den Arm gewanderten Lähmung den Löffel nicht zum Mund heben zu können, schien mir ein zu hoher Preis. Ich verließ den Verkäufer ohne Insektizid und sann auf natürliche Alternativen.

Eine mir bekannte Wald- und Wiesenfee, die seit Langem mit der Natur im Einklang lebt, riet zu Brennnesselsud. Das würde die schwarzen Läuse nicht töten, sondern nur vertreiben. Das klang wunderbar gewaltfrei. Läuse, die ihr Säckel schnüren, mit den kleinen Schultern zucken und leise singend weiterziehen. Ich schnitt also auf einer Wiese im Auwald ein paar Garben Brennnessel und warf sie ins Wasser einer kleinen Regentonne, auf dass sich dort die vertreibende Kraft entfalten könne.

Herbfrisch duftete das Brennnesselwasser zunächst, aber es sollte nicht so bleiben. Nach einer Woche ging die angesetzte Mischung in ein pesti-

lenzartiges Stadium über, und der üble Odem, der davon ausging, erinnerte an aufgetriebene Kuhleiber mit glasigen Augen, die nach einer Überschwemmungskatastrophe in der Sonne verwesen. Die Gespräche meiner Gartennachbarn wurden zusehends monothematisch. Männer wurden angeranzt, sie könnten wenigstens am Kaffeetisch das Flatulieren unterlassen, Grillfreunde erkundigten sich, ob das Fleisch noch gut sei, ankommende Verwandte fragten, wie lange der Opa schon so bewegungslos in der Hollywoodschaukel liege und ob die schon etwas schusselige Oma ganz sicher wäre, dass ihr Gatte letztes Wochenende wieder mit nach Hause gegangen sei. Schließlich aber nahm das Gartenleben insgesamt ab. Wer gießen oder jäten musste, tat dies nur bei starkem Wind. Ich selbst brauchte schließlich den Mut und die Willensstärke eines Abdeckers, Luderknechts und Kadaverschinders, um die ölig schimmernde Jauche in ein Spritzgefäß umzufüllen.

Nach der ersten Anwendung an den verlausten dicken Bohnen war klar, dass ich bei einem zweiten Durchgang die schwarzen Schädlinge vermutlich eher mit meinem Erbrochenen benetzen würde als mit diesem alternativen Naturheilmittel. Ich hoffte, dass keine zweite Anwendung nötig sei, aber ich hoffte umsonst. Die schwarzen Bohnenläuse saugten unbekümmert süßen Pflanzensaft und ließen sich nicht die dicke Bohne beeindrucken vom Jaucheregen. Auch mittelfristige Umzugsabsichten waren nicht zu erkennen. Zusammenfassend kann gesagt werden, dass Brennnesseljauche sich sehr gut zum Vertreiben von Nachbarn eignet, aber bei Blattläusen komplett versagt.

Am Abend dieses Tages legte ich mich neben mein Weib ins Doppelbett und starrte so lange regungslos an die Decke, bis sie (nach immerhin zehn Minuten) von ihrem Buch aufsah und mich fragte, was denn los sei.

»Es wird dieses Jahr in diesem Haus keine dicken Bohnen geben!«, sprach ich düster, »ich habe sie zu spät in die Erde gebracht und zur Strafe hat Gott mir die elfte Plage gesandt, die schwarze Bohnenlaus! Ein Sommer ohne Glück erwartet mich!«

Meine Frau antwortete nicht sofort, weil sie erst

ein oder zwei mehr unwillkürliche Antworten wie »Ach Gottchen! Die paar Bohnen!« oder »Isste halt was anderes!« verschlucken musste. Dann aber fiel ihr etwas ein, und mir wäre es, ehrlich gesagt, lieber gewesen, sie hätte sich spontan abfällig geäußert.

»Mein Vati«, sagte sie, »hat nie Probleme mit Läusen.«

War ja klar. Der Gartenkönig, der immer gar nicht mehr weiß wohin mit der vielen Ernte, hat natürlich auch kein Läuseproblem. Nie gehabt.

»Mein Vati«, sagte meine Frau, »nimmt immer Schmierseife.«

Allgemeinwissen. Jeder nimmt Schmierseife. Ich sehe meinen Schwiegervater vor mir, wie er vor Rätsel und Erstaunen die Arme hebt, dass jemand überhaupt die Frage nach diesem allseits bekannten und bewährten Läusemittel zu stellen wagt.

»Ich kann ihn aber noch mal fragen«, ergänzte meine Frau, »weil er ja nur grüne Bohnen und Wachsbohnen zieht.«

Körbeweise Wachsbohnen. Wie er sie mir immer in den Kofferraum stellt: Mit dieser knackigen »So geht Garten, mein Freund!«-Geste.

»Nicht fragen!«, befahl ich etwas zu heftig, »auch nicht mit ihm drüber reden! Jaja, Schmierseife. Hab ich schon mal gehört. Dumm von mir, dass ich nicht selbst draufgekommen bin.«

Aber im Grunde gehorcht es einer gewissen Logik, dass Drecksviecher, die sich nicht an Unrat und Jauche stören, empfindlich auf Seife reagieren. Schon am nächsten Tag ballere ich die Bohnenstangen mit Seifenlauge voll. Und am darauffolgenden Tag gleich noch mal. Endlich lichtet sich die Läuseversammlung. Nach einer Woche sind nur noch ein paar schwarze Flecken übrig.

Dann, in der zweiten Juliwoche, sind die Bohnen endlich richtig reif. Die Schoten sind prall, aber wenn man sie öffnet, sieht man, dass das weiße Flies, in dem die dicken Bohnen liegen, schon ein bisschen flacher geworden ist. Die Bohnen sind nicht mehr saftig grün, aber auch noch nicht fest. Ich lasse an jeder Pflanzen eine Schote zum Trockenwerden und Samengewinnen. Den Rest trage ich nach Hause. Puffbohnenschoten haben ein kleines grünes Bändchen an der Seite, das man aufziehen kann wie einen Reißverschluss. Dann purzeln die Böhnchen von selbst heraus. Mehr als zwei Teller werden es nie, und das ist vielleicht auch gut so. So bleibt es ein kleines Fest, wenn ich die Bohnen ein gutes Viertelstündchen koche und dann in den Speckwürfeln schwenke. Noch eine Prise Pfeffer drüber mahlen und fertig. Ich senke mein Gesicht in den tiefen Teller und löffele sie schmatzend und stöhnend in mich hinein.

»Das ist das einzige Essen, bei dem du Geräusche machst wie beim Sex!«, sagt meine Frau.

»Es sind ja auch keine richtigen Bohnen«, mampfe ich klug vor mich hin, »streng botanisch gesehen, sind es Wicken. Und Männer lieben alles, was mit Wicken zu tun hat!«

Das ist ein wirklich übler Kalauer, wie man ihn nur machen kann, wenn man wirklich, wirklich glücklich is(s)t.

Der Buchsbaumzünsler

Ich liebe Buchs. Nicht nur weil er so ähnlich klingt wie das plattdeutsche Wort für Hose und meine Oma mich in meinen schmutztriefenden Spielhosen nicht nur einmal mit »Du mögst hier wohl nich mit dine modderigen Buxen in de gaude Stuw gahn, du Deiwel!« gerade noch rechtzeitig vom Betreten des Wohnzimmers abhielt. Nein, in den vorpommerschen Dörfern meiner Jugend und in Sonderheit im Vorgarten meiner Großmutter war die nur kniehoch im Rechteck gepflanzte und geschnittene Buchsbaumhecke der Standard der Vorgartenbepflanzung. Drumherum und drinnen war nichts als fein geharkter Sand, und im Geviert blühten allerhöchstens ein paar Studentenblumen oder Dahlien. Die meisten Bauersleute verzichten aber ganz auf Blumen im Buchsbaumrahmen, und das gab dem solcherart ausgeheckten Vorgarten einen Hauch von Zen. Gestalterisch ambitionierte Bauersfrauen schnitten ihre Buchsbaumhecken auch mal zu Kreis und Kringel, und das war ja nun fast schon so was wie Broderie und französischer Barock.

Im Grunde aber ging es um aufwandsarme Vorgärtnerei. Niemand wollte sich mit der Blühfolge-Planung eines akribisch bepflanzten Staudengartens befassen. Die Buchsbaumhecke war am Samstagvormittag mit ein bisschen Geschnippel wieder in Form gebracht und jedwedes Unkraut war auf dem sandigen Grund so leicht entdeckt wie ein nackter Flitzer auf einem Fußballfeld. Buchs, las ich irgendwann, hieße lateinisch »Buxus sempervirens« und das imponierte mir enorm. Schon die alten Römer hatten also den Buchs gepflegt. Allerdings waren sie mehr auf sein hartes und holzwurmabweisendes Holz erpicht, aus dem sie ihre Schatzkästlein schnitzten. Die englische »Box« teilt ihre Sprachwurzel mit dem Buxus aka Buchsbaum.

Aber man kann nicht nur sein Holz schnitzen. Mit seiner gemächlichen und gleichmäßigen dreidimensionalen Ausbreitung ist der wuchernde Buchsbaum der grüne Marmor des Pflanzenbildhauers. Kein Schlossgarten, wo nicht Landschaftsgärtner Kugeln, Kegel oder Säulen aus dem Buchs schneiden, die dann als künstliche Natur oder auch natürliche Kunst die Wege flankieren. Und damit ist seine Formbarkeit längst nicht erschöpft. Es gibt Hühner, Elefanten, Schnecken und Kaninchen aus

Buchs, die sich immergrün auf der Wiese tummeln. Sogar einen Gärtner aus Buchsbaum gibt es, der selbstironisch einen anderen Buchsbaum beschneidet.

Als wir unsere Parzelle übernahmen, fand ich darauf zu meiner großen Freude drei schon ordentlich ausgewachsene Buchsbäume. Endlich würde ich mein früh entwickeltes Talent zur Formgestaltung ausleben können. Hatte die liebe Krippenerzieherin seinerzeit nicht ins Muttiheft geschrieben: »Stefan hat heute selbstständig vier Rollen und drei Kugeln für ein Knetemännchen geformt.«? Da war ich zarte drei Jahre alt! (Nur der Ordnung halber sei der Rest des Eintrags auch dokumentiert: »Leider hat er das Knetemännchen danach in einem Wutanfall wieder zerstört, weil es nicht sofort stehen wollte. Und die Knetemännchen seiner Tischnachbarn leider auch. Stefan muss lernen, seinen Jähzorn besser zu beherrschen.«)

Ein paar Monate sinnierte ich, welche Skulpturen ich aus den frisch erworbenen Buchsbäumen schneiden solle, entschied mich dann aber doch erst mal nur für drei unterschiedlich große Kugeln. Kugeln schienen mir simpel und eine freche Antithese zur allgemeinen Rechteckigkeit im Gartenverein. Gerade als ich entschlossen mit der Heckenschere klappernd zur Tat schreiten wollte, meinte meine

Frau, heute wäre kein guter Tag zum Buchsbaum schneiden, da die Sonne schiene und sie sicher wisse, dass man Buchs nur bei bedecktem Himmel einkürzen solle.

Dieser wichtige Hinweis brach meiner Schaffenskraft sofort die Spitze und verschob das Buchsbaumprojekt um weitere Monate, da ich unter all den folgenden Tagen mit bedecktem Himmel partout keinen fand, der mich wirklich zu Buchsbildhauerei animierte. Doch irgendwann waren die Buchsbäume so üppig auseinandergewuchert und ein Tag von einer so einladenden warmen, windstillen Wolkigkeit, dass Kairos, der Gott des rechten Zeitpunkts, mir die Heckenschere quasi in die Hände zwang.

Als ich bedeutend mit der Heckenschere um die Buchsbäume herumschritt, um sie bildhauerisch in Besitz zu nehmen, deutete meine Frau das als Unsicherheit und meinte, sie hätte im Gartenmarkt Drahtformen gesehen, die man über den Buchs stülpen könne, um beim Formschnitt auf der sicheren Seite zu bleiben. Ich lachte, tippte mir an die Stirn und zitierte, wenn auch etwas frei, Heine:

»Ihr Toren, die ihr im Baumarkt sucht / Dort werdet ihr nichts entdecken / Die Form, die dieser Buchsbaum kriegt / Die habe ich im Kopfe stecken!«

Sie wollte es nur gesagt haben, erklärte meine Frau.

»Ich mache das nur mit Augenmaß, Baby!«, rief ich ihr zu, »wir Künstler sehen nämlich die künftige Form schon im Rohmaterial und müssen sie nur noch herausschneiden.«

Ich schnippelte los, erst am Haupt des Buchsbaums, dann an den Seiten. Kürzte links und dann zum Ausgleich wieder rechts und überhaupt rundherum und war binnen Kurzem in einem wahren Rausch des Zurückschneidens und Zurechtschnippelns. Ich trat ein, zwei Schritte zurück und sah, dass ich die Seiten insgesamt wohl etwas zu stark eingekürzt hatte. Statt der beabsichtigten Kugel stand jetzt eine Säule mit rundem Kopf mitten im Garten. Da ich den unteren buschigen Teil noch nicht bearbeitet hatte, erhob sich die Buchssäule stolze anderthalb Meter aus einem grünen Gebuchtel und ergab ein Bild, das nur völlig senile Nonnen nicht als Phallussymbol erkennen würden. Da die Heckenschere länger nicht geklappert hatte, wandte sich endlich auch meine Frau dem ausgebuchsten Kunstwerk zu.

»Okay, diese Form hatten sie im Baumarkt nicht!«, sagte sie.

»Ähem, ich bin doch noch nicht fertig …«, erklärte ich verlegen.

»Du könntest noch den stotternden Rasensprenger in die grüne Spitze montieren. Dann wäre dein kleiner grüner Pornogarten perfekt«, sagte mein Weib.

Ich zog einen Flunsch und machte mich daran, die buschigen Hoden des Buchsbaumes einzustutzen. Dann trimmte ich statt der geplanten einen eben drei Kugeln aus dem Buchs, die halbwegs rund waren, wenn auch nicht gleich groß. Die obere war die größte, die mittlere die kleinste und die untere war so mittel. Das war durchaus ungewöhnlich und ein Novum in der zeitgenössischen Buchsbaumkunst. Schlichtere Gemüter hätten die Proportionen vielleicht missglückt genannt, aber ich tröstete mich mit dem Gedanken, dass ich an lebendem Material schuf und die drei Kugeln binnen eines Jahres wieder auf ein gleiches Format bringen könne.

Die zeitraubende Erfahrung mit dem ersten Buchsbaum veranlasste mich, dem zweiten Buchsbaum eine weniger aufwendige Kastenform zu verleihen. Er bekam die Ausmaße und das Aussehen eines Schalterschrankes und stand mit seiner grünen Exaktheit ganz sonderbar im sonstigen Wildwuchs unseres Gartens. Den dritten Buchs ließ ich so, wie er war. Aus Gründen. Das lustige Schnippeln mit der Handheckenschere war über die

Stunde in matteres Schnappen übergegangen, und endlich biss sich die Schere sogar an Ästchen fest, die ich am Anfang noch kraftvoll durchtrennt hatte. Ich spürte eine große Schwäche in meiner Brustmuskulatur, sodass ich mir von meiner Frau in die Jacke helfen lassen musste. Die Griffkraft meiner Hände war verbraucht. Ich hätte kein Taschentuch mehr vom Boden heben können. Ich war nicht ganz zufrieden, aber immerhin hatte ich keinen Wutanfall bekommen und den Garten kaputt gemacht. Meine Krippenerzieherin wäre stolz auf mich gewesen.

Über die Jahre wurden die Abstände des Buchsbaumschnitts größer, die Ansprüche gingen zurück und der Buchs sah eigentlich so aus wie seine Besitzer. Nicht völlig verlottert, aber auch nicht picobello. Buchsschnittmäßig waren wir vom Kubismus zum Impressionismus zurückgegangen.

Bis zu jenem Tag, da ich auf dem Rasen liege und mir die Sonne auf den Pelz scheinen lasse. Der Sommer ist heiß und trocken, und eine feine, gleichwohl heiße Brise weht durch den Garten. Die Blätter knistern vor Trockenheit. Sogar als der Wind sich legt, knistert es weiter aus dem Busch. Es knistert nicht nur, es knispert und knuspert sogar. Die Geräusche kommen aus dem Buchs und sind einem leisen Raspeln nicht ganz unähnlich.

Ich stehe auf und sehe nach. Zuerst sehe ich nichts, doch nachdem sich mein Auge an das Blättergewirr gewöhnt hat, entdecke ich Hunderte, ja Tausende kleiner grün-schwarzer Raupen, die die Buchsbaumblätter im Rund abfressen wie wir Kinder früher tschechische Oblaten. Als sie mich entdecken, lassen sie sich an seidenen Fäden durch die Äste hinab wie SEK-Kämpfer in grün-schwarzen Tarnanzügen. Unter dem Baum liegen Myriaden grüner Köttel. Die Reste ihrer schrecklichen Mahlzeit. Das hat es noch nie gegeben. Buchsblätter sind – vorsichtig ausgedrückt – nicht übermäßig bekömmlich. Sie sind richtiggehend giftig. Wer Freude daran hat, sich hemmungslos zu übergeben oder in schrecklichen Krämpfen zu winden, mag gern an ihnen herumknabbern. Blattläuse, Schne-

cken, Wühlmäuse und alle anderen weniger kotzfreudigen Lebewesen machen einen großen Bogen um den Buchsbaum. Daher hat er das ewige Leben.

Besser gesagt: Er hatte.

Denn irgendwo in China gab es eine verzweifelte Zünslerart, die es derart satthatte, gefressen zu werden, dass sie anfing, giftigen Buchs in sich hineinzustopfen, um anderen den Appetit auf sich zu verderben. Wahrscheinlich starben neunundneunzig von hundert unter elenden Qualen, aber einer überlebte diese Tortur, weil er eine etwas robustere Verdauung hatte als die anderen und – siehe da – er blieb einigermaßen unbehelligt in seinem Buchsbaum und fraß die bitteren Blätter. Das ist zwar kein Leben, aber Zünsler werden nicht so alt, als dass sie lange damit hadern müssten. Hin und wieder mochte ihn ein vorbeifliegender Schnäpper geschnappt haben, aber kaum hatte er ihn im Schnabel, wurde ihm so gallebitter auf der Zunge, dass er ihn krächzend ausspuckte. Das sprach sich rum. Unter Vögeln, aber auch unter brünstigen Zünslerweibchen. So funktioniert Evolution. Wenn man der Boss ist im eigenen Buchsbaum, kann man auch scheiße schmecken. Seitdem vegetierte der chinesische Buchsbaum in traurigen Sinuskurven von Hochwachsen und Niedergefressenwerden.

Vom ästhetischen Standpunkt aus gesehen, ist der Buchsbaumzünsler eine Katastrophe. Die Raupe frisst den edlen Buchsbaum Blatt um Blatt und kackt grüne Köttel, um nachher ein todlangweiliger, weiß-brauner Schmetterling zu werden. Ein witzloser, schmuckloser, hintergrundfarbener Zünsler, der so schlecht zu erkennen ist, dass er sich manchmal selbst für den Hintergrund hält und nicht wegfliegt, weil er nicht weiß, ob er überhaupt da ist. Ein Zünseldingens, das höchstens dazu taugt, abends in blakende Kerzen zu flattern und zu zerknistern.

(Die Raupe des Tagpfauenauges hingegen frisst schnöde Brennnesseln, und was macht sie daraus? Eine allerliebste Schönheit.)

Uns hier in Europa konnte der fiese Falter so herzlich egal sein wie der berühmte Sack Reis. Buchsbaumzünsler leben acht Tage. Das ist ein bisschen zu wenig, um über die Wüste Gobi oder den Hindukusch zu den leckeren europäischen Buchsbäumen zu flattern. Dazu brauchte es schon die Globalisierung und den modernen Flugverkehr, mit dem auch so eine lächerliche Giftmotte die Kontinente überspringen kann. Hier fraß sich der Buchsbaumzünsler von Paris-Orly oder Amsterdam-Schiphol in Acht-Kilometer-Schritten bis zu meinen Buchsbäumen durch.

Da ich vor meinen Buchsbäumen stehe wie jemand, der den Buchsbaumzünsler im Busch hat, dauert es nicht lange, bis jemand vorbeikommt, der Rat absondern möchte.

»Vom Gucken gehen die nicht weg, Junge!«, ruft Opi Powileit, »die musste nunnersammeln und verbrennen!«

»Haha, sehr witzig!«, gebe ich zurück, »das sind ungefähr tausend Millionen! Ich bin kein Rentner. Ich bin berufstätig. Soll ich deswegen Urlaub nehmen?«

»Nee, aber lass dich doch krankschreiben. Sag, du hast Parasiten!«, ruft Opi Powileit und lacht krächzend, »stimmt ja auch!«

Schlechter Witz, aber ich fühle einen gewissen Respekt vor dieser Logik. Opi Powileit war bestimmt einer, der immer krankgeschrieben war, wenn die Einberufung zur Reserveübung »Novemberschlamm '67« oder »Hitzschlag '68« ins Haus flatterte.

Aber ich bin Freiberufler. Ich kann die Krätze haben und niemanden interessiert es. (Einer meiner Bekannten ist Beamter beim Zoll. Der war schon mal ein ganzes Jahr wegen »Grübelneigung und Selbstzweifeln« krankgeschrieben. Also etwas, das ich seit meinem dritten Lebensjahr habe. Aus beamtenärztlicher Sicht bin ich wahrscheinlich schon tot.) Nein, ich werde keine extra Zeit opfern, um meine Buchsbäume von Hand zu entzünslern. Fällt aus. Eher verklage ich die Volksrepublik China. Sollen die Chinesen doch herkommen und ihre Zünsler alle wieder einsammeln. Sind schließlich deren Parasiten. Ist mir egal, ob das in Deutschland geborene Buchsbaumzünsler sind! Deswegen sind sie noch lange keine deutschen Buchsbaumzünsler! Vielleicht nützt ein Blick in den entsprechenden Gesetzestext: Deutscher Buchsbaumzünsler ist nur, wer in Deutschland geboren wurde und von Eltern stammt, deren Aufenthalt seit mindestens acht Jahren von den Behörden geduldet wurde. Und da habe ich doch meine Zweifel, dass das Abfressen der hiesigen Buchsbäume unter behördlicher Duldung geschieht. Ohnmacht ist nicht Duldung!

»Ist dir wohl eklig?«, ruft Opi Powileit jetzt, weil er mich weiter zögern sieht. Er lacht wieder seine heisere, etwas emphysematöse Lache. Was ich jetzt nicht brauche, sind Opi Powileits Erzählungen, wie er früher mal in der Scheiße gewühlt hat und es ihm überhaupt nichts ausgemacht hat. Opas erzählen immer solche Geschichten, wie sie früher, hach und jetzt leider aus Altersgründen nicht mehr. Ich glaube das nicht. Die waren wie wir. Wenn es irgendwann mal Zeitreisen für Jugendgruppen gibt, werden viele Opas danach sehr kleinlaut in der Ecke sitzen.

Da Opi Powileit jetzt schon dreimal sehr laut gelacht hat, kommt Gartenfreund Katzsche aus seinem Garten, um mitzulachen. GF Katzsche ist auch ein Spaßvogel und hält einiges auf seinen Witz. Er kann nicht fernbleiben, wenn in der Nähe Heiterkeit ausbricht.

»Der Junge hat den Zünschler im Buchs«, erklärt ihm Opi Powileit, »aber er ist sich zu fein, de Würmer nauszusammeln.«

»Es sind Raupen«, wehre ich mich matt, bekomme aber ungewohnte Unterstützung von GF Katzsche.

»Ich fass die Viecher auch nicht an!«, sagt er, »ich mache ’ne Plane untenhin, und dann kärcher ich die alle raus. Dem Buchs macht das nix, der hat die Blätter fest am Stiel. Aber die Viecher, die gehen ab. Plane zusammen, das Kroppzeug in einen Eimer und dann ab – rüber zum Nachbarn!«

GF Katzsche genießt die kurze, fassungslose Stille, die diesem Bekenntnis folgt. Dann stößt er Opi Powileit in die Rippen.

»War’n Witz!«

Da wir noch nicht wirklich lachen, ergänzt GF Katzsche: »Das mit ›rüber zum Nachbarn‹ war der Witz. Das Kärchern nicht.«

Kärchern klingt echt schon besser. Ist wie Wasserpistole, bloß mit mehr Bums. Ach, was sage ich, das ist wie Flammenwerfer, bloß in Nass. Maskulines Kraftspritzen mit vorgehaltenem Gerät. Dafür könnte ich mich erwärmen. Ob GF Katzsche seinen Hochdruckreiniger rausrückt? Männer mit Lebenserfahrung verborgen ja nicht mehr so gerne. Zum Verborgen muss man jung und naiv sein. Wer aber schon zwanzig, dreißig Jahre lang zunehmend widerwillig Dinge verliehen und immer wieder erst sehr spät und in oft beklagenswertem Zustand wiedergekriegt hat, wird der einem Gartengrünschnabel wie mir ein Hightechgerät überlassen?

»Ich hab aber keinen Kärcher!«, klage ich durchsichtig, »wo kriege ich denn jetzt einen Kärcher her?!?«

GF Katzsche löst sich vom Zaun.

»Ich guck mir das erst mal an«, sagt er, »ich komm mal rein!«

GF Katzsche stapft breitbeinig mit seiner abgescheuerten Cordhose in unseren Garten. Dann schreitet er mit Kennermiene meinen Buchsbaum ab, fasst auch hinein, zerreibt ein paar gelbe Blätter und murrt und knurrt. Schließlich aber schüttelt er den Kopf.

»Dein Freund, der Baum ist tot!«, zitiert er die

Schlagersängerin Alexandra, »da brauchste nicht mehr zu spritzen. Den kannste nur noch umhauen.«

Als er mich zum Schuppen gehen und mit der Axt wiederkommen sieht, wird sein Herz weich.

»Knips mal unten paar Äste ab. Ich hol die Kettensäge. Sonst stehste ja heute abend noch hier!«

Das ist nett gemeint, aber es klangen auch Zweifel an meiner Axthandhabung an. Er stapft hinaus.

»Liguster!«, ruft Opi Powileit jetzt und wackelt davon, »mach Liguster! Liguster wächst auch viel schneller!«

Ich hocke traurig vor meinen Buchsbäumen und knipse die Stämme untenrum frei. Jetzt werde ich nie erfahren, ob ich nicht doch eines Tages hervorragende Buchsbaumskulpturen hinbekommen hätte. Das Leben ist nicht gerecht. Wenn es schon für alles und jedes einen Schädling gibt: Warum gibt es keine Altfarbzünsler? Ich würde morgens Opi Powileit treffen, wie er gerade ein bisschen Quecke aus den Erdbeeren zupft, und Opi Powileit würde sich ächzend erheben und krächzen: »Ach, der verfluchte Altfarbzünschler! Gugge dir mal meene Hütte an! Bis uffs blanke Holz habense alles runnergefressen! De ganze alte Farbe! Alles wech!« Ich würde stehen bleiben und mir Opi Powileits Gartenklause anschauen, deren Schalbretter in eindrucksvoller Holzmaserung leuchten täten, als habe sie jemand mit dreißig abgestuften Sandpapieren geschmirgelt, und dann rufen: »Ja, der Altfarbzünsler kennt kein Erbarmen. Wenn du den in der Laube hast, dann goodbye Altfarbe und Geblätter! Jetzt musste alles neu streichen.«

Oder Rostmotten.

Rostmotten wären auch gut.

Dann ist GF Katzsche wieder da und reißt seine Kettensäge an. Als sie aufheult und GF Katzsche sie schräg hält, um den Fallkerb zu schneiden, sehe ich das kleine Label an der Seite.

Made in China.

Kohlrabi – der essbare Radiergummi

Oft werde ich gefragt, woher unsere Kohlrabis diese unnachahmliche Holzigkeit haben, diese faserige, zähe Strunkhaftigkeit, die auch durch noch so langes Kochen nicht verschwindet. Dann lache ich und sage augenzwinkernd: »Das bleibt unser kleines Geheimnis!« Das ist natürlich gelogen, denn wir haben überhaupt kein Geheimnis beim Kohlrabi-Anbau. Wir pflanzen einfach die erstbeste Sorte, und ja, das können auch weltbekannte, butterweiche Sorten wie »Superschmelz« oder »Delikatess« sein, wir gießen, jäten und düngen, und dann nach zehn bis zwölf Wochen ernten wir Sprossknollen, die sich in Sachen Schmelz und Biss irgendwo zwischen einem Hartgummi-Squashball und einer Billardkugel einordnen lassen.

Ein Drittel davon verschenken wir an Freunde mit Kindern im Wackelzahnalter. Überhaupt braucht man, wenn man einen unserer Kohlrabis gegessen hat, sich an diesem Tag nicht mehr die Zähne zu putzen. Die unversöhnliche Schroffheit unseres Kohlrabis reibt jeden Belag von den Zähnen. Früher haben ihn unsere Kinder, die ihn selbstverständlich als gesundes Zweitfrühstück in die Brotbüchse bekamen, gern als Radiergummi benutzt, und noch heute macht meine Frau damit ihre Wildlederschuhe wieder samtig.

Unser Kohlrabi ist aber auch ein beliebter Partysnack, denn man kann ihn, in kleine Schnitze gesäbelt, hitzig diskutierenden Gästen zureichen. (Aber Obacht beim Aufschneiden, einfache Küchenmesser bleiben oft stecken und müssen am nächsten Tag vom Fachmann befreit werden. Wir selber verwenden – Pro-Tipp – ein japanisches Tsuchimemesser mit gehämmerter Klingenoberfläche, die das Anhaften der Kohlrabiseiten verringert.)

Die Diskutanten nehmen dann die Schnitze mit einem abwesenden »Ja, danke auch!« in den Mund, und sofort ist Ruhe. Unsere Kohlrabispalten funk-

tionieren so ähnlich wie die mittelalterlichen Holzknebel, die man Patienten vor der Erfindung der Narkose in den Mund schob, wenn amputiert wurde. Unmittelbar darauf setzt unwirsches Malmen ein, denn natürlich kann der so gestopfte Gast nicht glauben, dass etwas, das so aussieht und auch so schmeckt wie ein leckerer Kohlrabi, partout nicht zu zerkleinern ist.

Wir lassen überhaupt gern andere von unserem Kohlrabi probieren, denn selten war ein Wort so treffend wie hier. Eigentlich kann man nur probieren, ihn zu essen. Das Verrückte am Kauerlebnis bei unserem Kohlrabi ist, dass man nach der ersten Viertelstunde nicht mehr glaubt, ihn jemals zwischen den Zähnen zerkleinert oder auch nur einmal rundherum eingespeichelt zu bekommen. Die Kaumuskulatur macht irgendwann schlapp, und das selbst bei Männern, die Neandertaler unter ihren direkten Vorfahren haben. Es soll Fälle gegeben haben, wo Menschen, die am Vorabend von unserem Kohlrabi kosteten, am nächsten Tag nicht mehr imstande waren, den Unterkiefer vollständig zu schließen und alle Kollegen auf der Arbeit mit einem Ausdruck blöden Staunens anstarrten. Schwächere Naturen wollen in dieser Phase immer aufgeben und bitten, peinlich berührt, um einen Mülleimer, um das Kohlrabistück entsorgen zu können. Aber wir wissen es besser und bieten Kauhilfe an. Der Kauhelfer stellt sich dazu hinter den, ich sage jetzt mal, Kohlrabigenießer und drückt ihm mit einem beidseitigen Griff die erlahmten Kiefer zusammen. In einer anderen, eher alkoholschwangeren, Variante legt der Kohlrabi-Esser einfach den Kopf mit dem Unterkiefer voran auf den Tisch und lässt sich den mit Kohlrabi gefüllten Rachen immer wieder von oben zusammendrücken, wie wir es von der Herzdruckmassage kennen.

Das führt endlich zum Erfolg und in kleinen, immer noch sehr harten Brocken lässt sich der Kohlrabi schlucken und rumpelt, zum Teil von außen sichtbar, die Speiseröhre hinunter. Ich kann aber an dieser Stelle versichern, er wird restlos verdaut. Es gab hier und da Rückmeldungen über holzigen Stuhl und die unschöne Tatsache, dass das Endprodukt die Schwimmfähigkeit von Kork hätte, weshalb das Herunterspülen manuell unterstützt werden musste, aber ich glaube das nicht.

Alles in allem hatten wir mit unserem Kohlrabi schon viele interessante Stunden voller Drama und Komödie, und ich bin dafür dankbar. Menschen ohne Garten kaufen ihren Kohlrabi im Supermarkt, schnurpsen ihn abends einfach so weg und wissen nicht, was sie verpassen.

Der Jäger des verbotenen Zauns

Gartenfreund Schneiderheinze hat sich beim Gespräch mit meiner Frau verletzt. Als sie sich nämlich während des Plausches kurz nach vorn gebeugt hat, um weiter die vergilbten Tulpen abzuschneiden, musste sich GF Schneiderheinze – durch den so plötzlich erweiterten Anblick meiner Frau offenbar geschwächt – am Zaun abstützen. Dabei ist eine morsche Zaunlatte am oberen Teil eingebrochen, und Schneideheinze hat sich einen Splitter eingerissen.

»Wir können noch von Glück reden, dass der Zaun nicht ganz eingebrochen ist und ihn aufgespießt hat«, sagt meine Frau, »ich denke, du weißt, was du zu tun hast.«

»Nichts!«, entgegne ich mutig, »der morsche Zaun macht, was er soll. Er wehrt Zaungäste ab, die dir ins Dekolleté linsen wollen.«

»Red nicht. Der Zaun ist eine Gefahr«, sagt meine Frau und schweigt eine Weile überaus auffordernd. Sie will, dass ich es selber sage. Dass der

Zaun »gemacht werden muss«. Wenn man es selber sagt, ist es kein Befehl mehr. Alter chinesischer Gehirnwäschetrick. Aber ich schweige. Es steht schließlich viel auf dem Spiel. Mein Wochenende. Ein weiterer unnötiger Kontakt mit der Mannigfaltigkeit meiner Inkompetenzen. Das weitere Sinken in der Achtung meiner Mitmenschen.

»Ich kümmere mich drum«, bleibe ich im Unbestimmten, denn wenn einen die Frau beim Wort nimmt, sollte das Wort so allgemein wie nur möglich sein.

»Es gibt Kinder in unserer Anlage. Denk auch mal an die Kinder«, wirft meine Frau den schweren Anker der Verantwortung auf den Grund meiner Seele. Kinder! Wir alle kennen Kinder. Kinder sind die Pandas unter den Menschen. Niedlich, aber auch ein bisschen tapsig. Albern gern rum. Machen Quatsch. Schubsen sich. Können die Folgen noch nicht überblicken. Weil sie so klein und die Folgen so groß sind. Schubsen sich ungeachtet danebenstehender Altholzzäune. Und womöglich schubsen sich da Kinder, deren Mütter sie nicht gegen Wundstarrkrampf haben impfen lassen, weil sie mal was im Internet über einen Fall aus Amerika gelesen haben, wo das Kind nach dem Impfen sonderbar wurde oder eine Pumpernickel-Unverträglichkeit bekam. Deswegen lasst uns alles tun für eine Welt, in der Kinder sich hemmungslos und vor allem folgenlos schubsen können!

Am nächsten Nachmittag bringe ich ein Schild am Zaun an – Format A2. Damit nachher keiner sagen kann, er hätte es nicht gesehen. Drauf habe ich in Ausübung meines grafischen Talents in fetten Lettern: »Achtung, morscher Zaun! Abstand halten! Eltern haften für ihre Kinder!« geschrieben. Das sollte fürs Erste reichen. Jetzt kann mir keiner mehr. Ich habe das Offensichtliche unübersehbar gemacht. Warnt nicht auch McDonalds davor, dass heißer Kaffee heiß sein kann und sich aus diesem Grund nicht dazu eignet, ihn sich über die Hose zu schütten?

Ich klebe das Schild gerade an die Latten (einen Nagel in das mürbe Holz zu schlagen, fehlte mir das Vertrauen), als ich hinter mir langsame knirschende Schritte auf dem Kies des Durchgangsweges höre. So knirscht nur einer hier. Der VauVau.

»Was machen Sie da?«

»Ein Gartenfreund hat sich an unserem Zaun verletzt. Ich warne hiermit die anderen Vereinsmitglieder.«

Der VauVau kommt näher und befühlt das Schild.

»Das ist laminiert. Wie lange soll das Schild hier hängen? Bis der Zaun vollständig kompostiert ist?«

Ich verstehe gar nicht, was er will.

»Hier, sehen Sie mal«, sagt der VauVau und zerbröselt mit den Fingern eine Lattenspitze in überraschend eckige Stücke, »Würfelbruchfäule! Hier hat der Gemeine Zaunblättling bereits ganze Arbeit getan.«

»Der Zaunblättling?«, frage ich verwundert, »es gibt einen Pilz, der ausschließlich Zäune frisst?«

»In der Tat! Doch kann er sein Unheil bringendes Werk nur dort verrichten, wo simpelste Maßnahmen des Holzschutzes unterlassen wurden! Zäune faulen nur, wo der Besitzer faul ist!«

Der VauVau sieht mich durch seine undurchdringliche Josip-Broz-Tito-Sonnenbrille an. Doch ich lasse mich nicht irritieren. Ich irritiere lieber selber.

»Was hat der vorher getan?«

»Wer vorher? Was vorher?«, fragt der VauVau.

»Der Pilz! Als es noch keine Zäune gab!«

Der VauVau zuckt kurz genervt mit den Mundwinkeln. Fürderhin wird er verstärkt darauf achten, dass Parzellen nicht mehr an Schlaumeier und Klugscheißer vergeben werden, sondern an Menschen, die mehr Respekt haben. Vor ihm und vorm Gemeinen Zaunblättling.

»Ich beauflage Sie hiermit, den Zaun binnen vierzehn Tagen vollständig zu erneuern. Mündliche Bekanntgabe ist ausreichend?«

Ich seufze und nicke.

Am Samstag begebe ich mich in die Zaunabteilung des örtlichen Baumarktes und suche ohne Umschweife den dortigen Zaunkönig auf, der hinter seinem Tresen auf den Computerbildschirm starrt, wie man es eben macht, wenn es am Arbeitsplatz einen Computerbildschirm gibt.

»Welche Anforderungen soll denn der Zaun erfüllen?«, fragt der Fachverkäufer, nachdem ich mich ihm offenbart habe.

Ich sage, er soll nichts kosten und ewig halten.

»Das ist nicht so ganz unsere Geschäftsphilosophie«, wendet der Verkäufer ein, »wir betrachten Haltbarkeit im Großen und Ganzen als unwirtschaftlich, ja ertragsfeindlich. Deswegen sind wir bemüht, die höhere Haltbarkeit eines Gegenstandes durch einen höheren Preis, ich sage jetzt mal, zu begleiten. Wenn Sie bei uns einen Zaun erwerben könnten, der ein Leben lang hielte, dann müsste er ja mindestens so teuer sein wie alle weniger haltbaren Zäune zusammen, die Sie andernfalls bei uns in den nächsten fünfzig Jahre noch kaufen müssten.«

Das ist unmittelbar einleuchtend, und ich frage den Verkäufer, warum um Himmels willen er sein Philosophiestudium abgebrochen hat, aber er kann nicht darauf eingehen, weil eine junge Mutter dazukommt und drei Stangen Bastelholz à fünf Euro um zehn Zentimeter abgeschnitten haben will, was sie noch mal jeweils einen Euro pro Stange kostet.

»Was empfehlen Sie mir also?«, nehme ich danach das Gespräch wieder auf.

»Sie müssen sich jetzt entscheiden. Betonzaun. Hält lange, aber setzt Moos an. Ich rate immer, noch einen Hochdruckreiniger dazuzukaufen, damit man zwei, drei Mal im Jahr …«

»Schön, schön. Was gibt es sonst noch?«, unterbreche ich ihn.

»Dann der Metallzaun. Nicht ganz so preisintensiv. Der Aufbau verlangt allerdings einiges an handwerklichem …«

»Ah ja, da denke ich doch, es wird ein Holzzaun.«

Wir verfügen uns zu den Holzzäunen, und da ich Preisschilder lesen kann, nehme ich den billigsten von allen. Einen Jägerzaun bzw. ein paar Felder davon.

»Auf Wiedersehen!«, ruft der Zaunkönig und kneift glücklich die Augen zusammen. Er weiß, wir werden uns über Jahr und Tag wiedersehen. Haltbarkeit und Preis.

Ein Jägerzaun ist trotzdem eine feine Sache. Zusammengeschoben passt er fast in die Handtasche, aber vor Ort kann man ihn ausziehen, und dann wird er so lang, wie man es braucht. Ich will es mal so formulieren: Männer mögen Dinge, die bei Bedarf länger werden.

Der alte Zaun ist schnell abgeklopft. Ich nehme zwar einen Gummihammer dazu, aber eigentlich hätte auch einmal kräftig Aufstampfen gereicht, und er wäre als Holzbrösel zu Boden gefallen. Ich harke die Zaunreste zusammen und schütte sie in die Feuerschale. Damit nichts »umkommt«, wie meine Oma immer sagte.

Der Rest ist ein Klacks. Akkuschrauber, sechs Holzschrauben pro Zaunfeld (eigentlich würden vier reichen, aber ich bin auch ein bisschen eitel und möchte dafür bekannt werden, dass bei mir alles »solide« gebaut ist), und schon ist der neue Zaun dran. Als ich einen Schritt zurücktrete und mein Werk begutachte, fällt mir auf, dass die Zaunfelder bei sehr pedantischer, engherziger, kleinlicher Betrachtung nicht ganz dieselbe Höhe haben. Etwa eine halbe Handbreit unterscheiden sie sich in der Höhe. Ich beschließe trotzdem – wie Gott – dass es wohlgetan ist. So kann man wenigstens deutlich erkennen, wo das eine Zaunfeld endet und das andere beginnt.

Ich packe das Werkzeug weg und lege mich in den Sonnenstuhl. Aaah, getane Arbeit ist die schönste Arbeit überhaupt. Meine Frau wird mich lieben, wenn ich heute Abend ganz beiläufig beim

Essen sage: »Übrigens, Schatz. Diese Zaunsache. Ist erledigt.« Dann werde ich einfach still weiterkauen, wie es Männer tun, die Sachen immer zackzack erledigen, ohne großes Tamtam. Möglicherweise wird sie sich später dann im Bett an mich schmiegen. Und vielleicht …

»Was ist das?«, höre ich plötzlich die Stimme des VauVaus. Ich fahre auf und sehe ihn, wie er vor meinem nigelnagelneuen Jägerzaun steht und ihn durch seine goldgeränderte Kastensonnenbrille anstarrt, als wolle er ihn per Augenstrahl in Brand setzen.

»Ein neuer Zaun!«, unterrichte ich den VauVau.

Wahrscheinlich ist er so geschockt, weil er nicht glauben kann, dass ich seine komische Beauflagung in Nullkommanix abgearbeitet habe.

»Das ist ein Jägerzaun!«, ruft der VauVau verzweifelt.

Jetzt erhebe ich mich doch ganz und gehe zu ihm an den Zaun.

»Ja, das ist ein Jägerzaun. Wo ist das Problem?«

»Sehen Sie hier irgendwo Jäger?«, wütet der VauVau. »Wir sind Gärtner und das ist eine Gartenanlage. In dieser Gartenanlage werden die Parzellen wegseitig mit einem Staketenzaun bezäunt!«

»Das kann ich doch nicht wissen.«

»Doch. Weil hier vorher ein Staketenzaun stand.

Und wenn alter Staketenzaun erneuert werden soll, dann steht danach ein neuer Staketenzaun.«

»Nun seien Sie doch mal nicht so kleinlich. Jägerzaun, Staketenzaun, Raketenzaun – ist doch egal. Bisschen Abwechslung kann diesem Verein nicht schaden«, versuche ich, ihn mit dem topmodernen Trend zur Diversität zu locken.

»Ein Jägerzaun ist keine Abwechslung, sondern Wurschtigkeit gepaart mit Geiz. Wenn Sie Friedensreich Hundertwasser wären und hier sonst was Kreatives hingebaut hätten, würde ich vielleicht mit mir reden lassen, aber nicht bei einem Jägerzaun! Also, Abbauen, Zerlegen und die Staketen einzeln senkrecht ran!«

Damit setzt der VauVau seinen Rundgang fort. Wie er jetzt die Hände auf dem Rücken zusammenlegt, wirkt er überaus zufrieden. Junge Brauseköpfe wie ich versuchen seit Jahren das einheitliche Erscheinungsbild des KGV zu zerstören, indem sie ihm Gedankenlosigkeit und konfuses Herumstümpern als »Originalität« verkaufen wollen, aber diese lächerlichen Vorstöße prallen an ihm ab. Solange er in diesem KGV das Sagen hat, werden lange Fluchten augenschmeichelnder Staketenzäune zu beiden Seiten des Wegs jedem Gartenfreund schon beim Betreten der Anlage Seelenfrieden vermitteln und das Gefühl, dass man hier unter sich und eines Geistes ist. Mögen draußen die bunten Völker sich raufen, hier herrscht Gartenfreundschaft, weil niemandem eine Extrawurst gebraten oder ein Extrazaun gestattet wird. Die Flüche und Verwünschungen, die ich ausstoße, während ich den Jägerzaun abschraube und auseinanderreiße, sind dem VauVau nichts als liebliche Töne aus der Schalmei des Sieges über das Chaos.

Es rappelt am Balkon

In meinem Leben gab es nur einmal einen Balkon. Da war ich sechzehn Jahre alt. Wir waren in eine andere Stadt gezogen. Als meine Mutter nach dem Umzug den Balkon das erste Mal richtig in Augenschein genommen hatte, ging sie und warf ihren Mantel über. Sie band sich ihre blau gepunktete Regenhaube um, da sie gerade frisch onduliert war und es draußen windete, und dann sprach sie zu mir die rätselhaften Worte: »Der Balkon kann ja so nicht bleiben. Ich fahr mal eben schnell nach Geranien oder Pelargonien!« Ich sah ihr entsetzt hinterher. Dass meine Mutter bloß wegen eines öden Balkons in ein fremdes Land namens Geranien (dessen Hauptstadt vermutlich Gera hieß) oder ins menschenleere Pelargonien (die Verwechslung mit Patagonien war mir nicht bewusst) reisen wollte, schien mir krass verrückt. Andererseits war eine geisteskranke Mutter, die nur mit einer blau gepunkteten Regenhaube aus durchsichtigem Plastik wegen eines Balkons Republikflucht beging, eine

so unglaubliche Besonderheit, dass ich die nächsten Partys sicher mit drei einfühlsam seufzenden Mädchen im Arm verbringen würde. Leider kam meine Mutter bald wieder. Mit zwei Kästen rotblühender Pflanzen.

Da der Balkon in einer etwas sonderbaren Anordnung die ganze Front vor meinem Jugendzimmer einnahm, obschon er nur vom danebenliegenden Schlafzimmer meiner Eltern zu betreten war, zog der Duft der mir nun als Geranien bekannten Blumen ungehemmt durch das Fenster in mein Zimmer. Ein schwerer, süßlich-cremiger Duft, wie er an sonnigen Stränden ölig-glänzenden Matronen entsteigt, die, frivol den Träger des Badeanzugs herabgestreift, auf Plastikliegen dösen. Kein Wunder, dass ich den ganzen Sommer über schlecht schlief und von liebeshungrigen Wuchtbrummen träumte, die, nur mit einem Pareo umwickelt und einem Eimer Sangria in der Hand durch mein Fenster stiegen, um mich noch fast bartlosen Jüngling in die »Freuden der Liebe« einzuführen.

In ohnmächtiger Abwehr des lieblichen Geranienduftes gewöhnte ich mir an, vor dem Schlafengehen noch eine zu rauchen, aber so richtig funzte es nicht. Dass sich das alles nicht zu einer veritablen sexuellen Störung entwickelte, verdanke ich letztlich den russischen Streitkräften.

Neben uns wohnte ein russischer Oberst mit Augenbrauen wie Schuhbürsten. Er schüttelte jedem Mitglied unserer Familie heftig die Hand, wenn wir uns vor der Tür begegneten, und nannte mich ungeachtet meines parasitären Schulversagerdaseins jedesmal »Molodjez« (Prachtkerl). Deutsch-russische Freundschaft nahm er sehr ernst. Er war sichtlich darum bemüht, dass wir uns nicht übermäßig besetzt fühlten. Zu diesem Zwecke wollte er uns zum Ersten Mai freudig überraschen und langte im folgenden Jahr in der letzten Aprilnacht mit großer Kühnheit, wie er sie wahrscheinlich im Berliner Häuserkampf 1945 gelernt hatte, von seinem Balkon zu unserem herüber, um eine Flasche Schampanskoje polusuchoje (halbtrockener Sekt) und eine Büchse Kaviar zu platzieren.

Meine Eltern würden morgens in ihren Schlafanzügen auf den Balkon treten und Trara! Sekt und Kaviar! Zum Feiertag der siegreichen Arbeiterklasse! Doch leider sah (und roch) er die schwülstigen Geranien nicht und drängelte seine Geschenke auf den Balkonsims, sodass sich die Blumenkästen über den Rand schoben und schließlich zu Boden fielen. Anders als Kristallleuchter und Suppenschüsseln fallen Plasteblumenkästen voller Erde und ein paar Pflanzen ausgesprochen geräuscharm, und so sah es am nächsten Morgen zunächst so aus, als wenn der Obrist die Blumenkästen entwendet und den Sekt samt Kaviar zur Entschädigung dagelassen hätte. Mein Vater wollte denn auch beim ersten Anblick das Fehlen der Blumenkästen nicht bewerten, da er einen geradezu zoologischen Respekt vor der rätselhaften Spontaneität des russischen Menschen hatte.

Nachdem der Vorgang mit Blick auf die Terrasse aufgeklärt werden konnte, schritt meine Mutter zur Neubepflanzung, und diesmal konnte ich anregen, mal eine andere Blumensorte auszuprobieren. Es wurden Studentenblumen. Mit der leicht harzigen Süße derselben konnte ich leben und schlafen. Noch heute habe ich sie gern. Sie fehlen allerdings in meinem Garten, da die Schnecken sie doppelt so gern haben wie ich. Unaufhaltsam wie Untote kamen sie aus ihren Verstecken, sobald ich auch nur ein kleines Tagetespflänzchen im Anzuchttopf auf die Gartenerde stellte. Im Grunde genommen hätte ich nach dem Einpflanzen auch »Essen ist fertig!« rufen können.

Wo ein Weg ist, war schon mal ein Weg

Der Standardweg in der Gartenparzelle ist ein schnurgerader Pfad, der zu beiden Seiten von Rasenkantensteinen begrenzt wird. Von ihm gehen zwei ebenso schnurgerade Querwege ab. Einer vorn am Zaunbeet entlang, der andere hinten als Zugang zur Laube. Der Pfad vom Gartentor zur Laube hat einen Parallelweg auf der anderen Seite des Gartens, sodass der Gartenfreund seine rechteckige Parzelle auch entsprechend rechteckig abschreiten kann. Linksrum oder rechtsrum. Je nachdem, wie ihm ist. Wer gern im Stechschritt durch sein kleines Gartenparadies marschiert, mag damit zufrieden sein.

Aber schon mit einer Schubkarre ist ein derart abrupter Richtungswechsel vom Längs- zum Querweg kaum zu manövrieren, weshalb man bei Paraden niemals Schubkarrenkompanien sieht, die auf Kommando »Links um!« fahren. Mit einer zentnerschwer mit Kompost beladenen Schubkarre ist das Umfahren von solcherart scharfen Ecken gleich ganz unmöglich. Die Schubkarre stößt irgendwo an. Die mühsam erhaltene Balance auf dem einzigen Rad verliert sich. Die Schubkarre kippt aus dem Lot, und ein Berg nährender Schwarzerde begräbt die an der Ecke blühenden Dahlien unter sich.

Ist es da nicht allzu verständlich, dass der Schubkarrenschieber mit seinen Schuhen wütend Dellen ins Wannenblech tritt oder schreiend auf dem an dieser Stelle ganz und gar unwillkommenen Kompostberg herumtrampelt? Ich denke schon! Und da brauchen meine Nachbarn gar nicht ihre Kuchen mümmelnden Gesichter über die Ligusterhecke zu strecken und große Augen zu machen!!

Nachdem mir das zwei Mal hintereinander passiert ist und ich nahe dran bin, die Schubkarre in den Nachbargarten zu schleudern, um Wut und Verzweiflung auch nebenan zum dominierenden Gefühl zu machen, fällt mir ein, dass die Schubkarre gar nicht schuld ist. Es ist der Weg mit seiner elenden Rechteckigkeit. Zeigen nicht alle diese Hochglanzmagazine mäandernde Pfade aus urigen Bruchsteinplatten, wenn es um naturnahe Gärten geht? Wo man mit Schubkarren schwungvoll um Staudenrabatten und Riesenlauchpolster herumrollen kann? Natürlich, denn die Natur kennt keine Ecken! Drum Schluss jetzt. Ich werde aus dem geometrischen Wegekorsett, das mir der Vorgänger überlassen hat, ausbrechen. Ich möchte Wege, die sich anmutig verzweigen und durch den Garten schlängeln, wo sich alle paar Schritte neue Perspektiven eröffnen.

In diesem Moment beginnen wahrscheinlich im Baumarkt die Kassen vor Umsatzlust zu vibrieren. Deutet sich da nicht eines dieser männlich verschwitzten »Projekte« an? Möchte da nicht jemand drei Bigbags Sortenkies kaufen und zwei Paletten handgebrochene Porphyrplatten zu »An Qualität wird nicht gespart«-Preisen? Dazu Unterbodenfilz und Schlämmdingens und Planierwalze? Und brauche ich nicht auch unbedingt eines dieser rauen Holzfällerhemden, die auf der Innenseite heller sind, sodass man schon von Weitem sieht, wie verdammt aufgekrempelt sie sind? Und dann noch diese Gummi-Knieschoner zum Pflasterverlegen? Das sieht so hammer-professionell aus. Ich sehe mich schon die Porphyrplatten mit steinmeisterlichem Langmut immer wieder aneinanderhalten und prüfen, um schließlich genau jene behutsam in den Weg zu klopfen, deren Bruchkanten zueinandergehören wie die von Afrika zu der von Südamerika. Vollendet fachmännisches Arbeiten und planvolles Vorgehen, wie ich es von mir kenne(n möchte)!

Deswegen spanne ich jetzt die krummen Touren durch unseren Garten vermittels einer Paketschnur auf Dutzende fein in die Erde gesteckte kleine Holzstäbchen. Jeder Handgriff sitzt. Hole den Spaten, um vom Gartentor aus die Erde entlang der Schnur abzustechen. Stoße den Spaten in die Erde, als es plötzlich Kling macht. Kaum die Hälfte des Spatens ist eingedrungen. Gut, manchmal liegt ein größerer Stein in der Erde. Den muss ich eben extra ausbuddeln. Ich ziehe den Spaten heraus und trete ihn etwas weiter daneben in die Erde. Kling. Ich setze ihn etwas vor: Kling. Ich steche ihn direkt in die Mitte des Weges: Kling. In einem grausamen Verdacht verteile ich mit dem Spaten Testreihen über den Weg. Überall klingt es. Dann beginne ich zu schaben, zu kratzen und Erde beiseitezuräumen, erst langsam, dann immer schneller wie ein Gefängnisinsasse, der nicht glauben kann, dass er sich in jahrelanger Wühlarbeit aus seiner Zelle heraus ausgerechnet zum Aufenthaltsraum der Wachmannschaft vorgearbeitet hat. Doch es gibt keinen Zweifel. Unter dem Weg liegt bereits ein Weg. Roter Backstein.

Troja II. Oder Troja III. Wissen wir nicht alle, dass Städte riesige Staubfänger sind und deswegen Jahr um Jahr millimeterweise in die Höhe wachsen, dass deswegen die Vergangenheit nicht hinter uns, sondern unter uns liegt? Meinen Kleingartenverein und mithin diese Parzelle gibt es ja auch schon seit über hundert Jahren. Wer weiß, wie viele Wege hier übereinanderliegen? Vor meinem geistigen Auge wehen Sandstürme über das Gartenland zu Kaiser Wilhelms Zeiten, während ein lungenkranker Kohlenträger ohnmächtig in seinem Korbstuhl sitzt und zusehen muss, wie sein mit letzter Kraft angelegter Pflasterweg wieder verweht und zugeblasen wird. Oder es kommt Krieg und der Pächter muss hin. Verlassen liegt sein Garten und die Vogelmiere kriecht auf den Weg und sammelt mit ihren Tentakelzweigen die Erde, die aus den Bombenkratern herüberspritzt. Vielleicht war es auch Klassenkampf. Der Pächter, ein aufrechter Christ, der in Jahren des eisernen Sozialismus sei-

nen Backsteinweg in lauter Kreuzeszeichen pflastert, bis der kommunistische Gartenaufseher ihm auf die Schliche kommt, ihn brutal entpachtet, in eine Strafgartenkolonie schickt und den Weg sofort zuschütten lässt, bevor noch der Erste Sekretär davon Wind bekommt.

Was aber soll ich jetzt mit den im doppelten Wortsinn »unterwegs« gefundenen Backsteinen machen? Nachdem ich auf geschätzt dreißig Metern Weg die Spatenprobe gemacht habe, weiß ich, dass da unten ungefähr die Grundmauern eines Einfamilienhauses liegen. Um ein geeignetes Wegbett bauen zu können, werde ich sie alle rausnehmen müssen. Das ist harte Arbeit. (Dafür habe ich nicht studiert. Ich habe studiert, um über harte Arbeit schreiben zu können.) Doch wer einen Garten hat, kann sich keine Mimositäten leisten. Was haben denn die Trümmerfrauen anderes gemacht? Aufgehoben, abgeklopft und Neues draus gebaut. So geht Unverzagtheit! Und außerdem bin ich ein Ossi-Messi: Alte Steine kann man immer gebrauchen. Wer weiß, wann es wieder welche gibt? Hatte meine Frau nicht unlängst bemerkt, dass nur eine metertiefe Sperrmauer das Schilf davon abhalten würde, unseren Garten zu durchwurzeln und überall seine grünen Lanzen durch die Blumen zu stoßen? Ist es nicht praktisch, wenn man beim Bau eines Anti-Schilf-Schutzwalles einfach zu recycelten Baustoffen greifen kann?

Ich belade also die Schubkarre mit meinen Grabungsfunden und schichte sie neben der Laube zu einem Haufen. Zu einem großen Haufen. Na ja, sagen wir mal zu einem kleineren Berg. Zwei Meter Höhe werden es wohl alles in allem sein. Vielleicht auch mehr. Als ich raufklettere, habe ich einen wunderbaren Ausblick auf die ganze Gartenkolonie. Ich kann sogar den VauVau sehen, der sich drei Gärten weiter mit Gartenfreundin Gumbrecht mutmaßlich über die vielen Dinge unterhält, die es heute gibt, obwohl man früher auch ohne sie ausgekommen ist. Ich kann sie aufzählen, ergänzen und den Kopf schütteln sehen. Doch eine alte Scharfschützenweisheit besagt, dass, wenn ich den VauVau sehen kann, der VauVau auch mich sehen kann. Und das tut er jetzt. Ich winke fröhlich, doch der VauVau möchte nicht von oben herab angewunken werden. Er zeigt Gartenfreundin Gumbrecht, warum er sie jetzt mal kurz verlassen muss, dann eilt er zu mir. An der Gartenpforte ruft er ordnungsgemäß: »Ich trete ein!« und tritt ein.

»Wo haben Sie die Steine her?«, fragt der VauVau am Fuße des Mount Backstein.

»Bodenschätze!«, sage ich, »Ich bin bei Grabungen auf größere Vorkommen von alten Backsteinen gestoßen.«

»Die hätten Sie mal lieber im Boden gelassen. Wie wollen Sie die jetzt vom Grundstück verbringen? Mit einem Lkw kommen Sie nicht durch den Gartenweg.«

Ich klettere langsam herunter und sage, dass ich nicht vorhätte, die Backsteine zu »verbringen«, wie er das nennt. Ich wolle sie hierlassen und neuen Zwecken zuführen.

»Das schlagen Sie sich gleich aus dem Kopf«, meint der VauVau, »neue Baulichkeiten auf Ihrer Parzelle wird der Vorstand nicht genehmigen. Danken Sie dem Einheitsvertrag, dass Ihre Laube Bestandsschutz genießt, obwohl sie gegen mehrere Grundsätze gärtnerischen Zwischennutzungslandes verstößt.«

Er will mir sagen, dass unsere Laube zwar nicht gemauert ist, aber einen innenliegenden Strom- und Wasseranschluss hat, was beides total verboten ist. Städtisches Gartenland ist Zwischennutzungsland. Wenn Spekulanten das Auenland übernehmen und hier »hochwertige Eigentumswohnungskomplexe« hinstellen wollen, muss ein Bulldozer das kleine Gartenglück in Tagesfrist wegschieben können. Daher ist alles fester Gemauerte mehr oder weniger illegal. Aus Immobilienentwicklersicht müssten wir hier in Pappkartons hausen.

Aber die Laube stammt aus der DDR, welche obenrum eine Diktatur, aber untenrum ein anarchisches Geschacher war. Hier wurden dauernd Augen zugedrückt und eine Hand wusch die andere. Da ward manch schlichte Gartenhütte nach und nach ein fester Bungalow, eine feine Sommerfrische mit Klappbett und Miniküche, von Mai bis September durchgängig bewohnt, bis die kühle Witterung die Gartenfreunde wieder nach ihrer Vollkomfortwohnung im Plattenbau lechzen ließ.

Mit der deutschen Einheit wurde diese niederschwellige Korruption beendet. Dem VKSK der DDR, der Verband der Kleingärtner, Siedler und Kleintierzüchter, wurde sogar die Ehre zuteil, zur verfassungsfeindlichen Organisation erklärt zu werden. Noch heute wird man in Thüringen und Bayern vorm Eintritt in den Staatsdienst durchleuchtet, ob man früher an verantwortlicher Stelle im VKSK »Russen« (eine Kaninchensorte) gezüchtet hat. Ganz ungeschehen konnte man die ostdeutsche Geschichte jedoch nicht machen, und so erhielten die illegal errichteten Kleinheime im Gartenland Bestandsschutz. Weitere Anbauten sind davon nicht gedeckt.

Der VauVau will wissen, was ich mit den tausend Backsteinen anzustellen beabsichtige. Er argwöhnt eine wilde Deponie. Er kennt seine Pappenheimer und ich bin definitiv einer von ihnen. Leute, die viel anfangen und nichts zu Ende bringen.

Ich gucke beschämt nach unten und suche den Boden nach Ideen ab. Wenn ich nichts finde, kann ich bald Hunderte Schubkarren voller alter Backsteine vor die Gartenanlage schaffen, von wo sie mir ein gnädiger rumänischer Räumdienst gegen viel Geld zur Verklappung fährt.

»Kräutergarten!«, sage ich schließlich, »Ich plane einen Kräutergarten.«

Der VauVau lässt seinen Blick bis an die Spitze der Backsteinpyramide wandern.

»Ist keine Baulichkeit«, beeile ich mich zu versichern, »sondern ein Hochbeet. Ich gebe zu, ein sehr hohes Hochbeet.«

Jetzt weiß der VauVau, dass er einen Wahnsinnigen in seinen Kleingartenverein gelassen hat.

»Viele Kräuter haben bestimmte Bedürfnisse, was die Höhenlage angeht«, erläutere ich weiter, »hier unten kommen die Flachlandkräuter hin, schön im Schatten und hier weiter oben die Hügelkräuter und an die Spitze die Hochgebirgs- und Gletscherkräuter … ich koche derzeit viel mit … Alpenkräutern. Alpenkräuterküche ist momentan totaler Trend. Aber das wissen Sie bestimmt.«

Der VauVau schweigt. Aber er schweigt wie Darth Vader schweigt, wenn er einen Rebellen mittels Telekinese erwürgt.

»Silberwurz und Enzian, um genau zu sein«, laber ich vor mich hin, »die brauchen dünne Luft und müssen ganz oben (ich zeige hinauf) der Witterung und den Sonnenstrahlen ausgesetzt sein, damit sie ihre Heilkräfte und Wirkstoffe entwickeln. Da mach ich übrigens auch lecker Likör draus. Vielleicht darf ich Sie mal einladen …«

»Ich sehe hier demnächst eine vollständige Bepflanzung, oder der Scherbelberg kommt weg!«, unterbricht mich der VauVau endlich. Er geht, knurrt noch einmal »Enzian« und grübelt. Ich bin ihm durch eine Rechtslücke entschlüpft, aber er wird sie schließen. Die nächste Vorstandssitzung wird sich der Höhenbegrenzung von Hoch- und Höchstbeeten widmen. Ich bin ganz sicher.

Später stehe ich im Baumarkt – ein supermaskulines Holzfällerhemd liegt bereits im Einkaufswagen – vor den Paletten mit den Porphyrplatten. Und plötzlich weht mich der laue Hauch der Nichtigkeit an. Wie sooft schon in meinem Leben beginne ich, Tatkraft und Handeln mit großartiger Philosophie zu ersetzen. Was will ich mir eigentlich beweisen? Mein Gott, es ist Zwischennutzungsland, bewohnt von Zwischennichtsnutzen wie mir. Was soll ich teure Wege bauen, wenn doch alles verweht und begraben wird vom rieselnden Sand der Zeit? Niemand sollte mehr mühsam einen Weg unter einem Weg ausbuddeln müssen. Ich werde – ganz buddhistisch – den Kreislauf des ewigen Wegebaus unterbrechen. Ich werde meine Wege mit Rindenmulch auslegen. Drei Säcke, drei Minuten, fertig ist der Weg. Mein Geschenk an kommende Generationen von Nachpächtern. Und natürlich auch ein Geschenk für mich. Schließlich brauche ich jetzt das Geld – für Enzian.

Radieschen – vom Samen zum Kraut

Knackige Radieschen aus dem Garten. Selbst gezogen, das Bündel fest in der Faust, noch mit Sprengseln schwarzer Erde auf der rot leuchtenden Schale trägt man sie nach Hause, während die Passanten neidisch auf diese erste eigene Ernte starren. Schön scharf sind sie und nicht so lau im Biss wie die aus dem Supermarkt. Man kann sie in Scheiben schneiden und auf die Butterstulle legen. Man kann sie in einen Salat schnitzeln. Oder man isst sie als Hälften, bloß mit Salz und Pfeffer. Etwas raffinierter mit Öl und Essig. Das leichte Krachen zwischen den Zähnen schickt mit dem scharfen Geschmack richtig Jugendfrische in die wintermüden Glieder. Wer eigene Radieschen hat, dem ist der Frühling hold!

Wir haben leider keine eigenen Radieschen. Um es mit der ganzen Verzweiflung eines kinderlosen Ehepaares zu sagen: Wir können keine eigenen Radieschen kriegen! Wir könnten maximal welche adoptieren. Wir säen zwar jedes Jahr welche ins noch kalte Beet, aber wenn daraus echte, abbildungsgetreue Radieschen werden würden, wäre es eine große Überraschung. Manchmal schaffen es ein paar Sprossachsen, etwas dicker und rötlicher zu werden, aber kugelrund und prall würde ich sie nicht mal nennen, wenn mir ein LSD-Trip eine Fischaugenoptik gezaubert hätte.

»Wir müssen die nur richtig verziehen«, sagte meine Frau in jenen Tagen, da wir nach ersten Missernten noch Hoffnung hatten. Also kontrollierten wir täglich den Aufwuchs, und als das Grün der Radieschen uns dick und dicht genug erschien, begannen wir zu verziehen. Bei unserem Sohn hatte es doch auch geklappt, der war total verzogen, warum nicht auch bei Radieschen? Doch schon beim ersten Griff in die Pflänzchenreihe kam ich ins Grübeln. Hier standen drei kräftige Pflanzen dicht nebeneinander, dann kamen eine Handbreit nur Mickerlinge. Wie soll man da die Stärksten stehen lassen? Wir hatten erwartet, dass die guten Radieschen mit ordentlich Bauchansatz von kümmerlichen Hagestolzen umgeben waren, denen man nur noch den Gnadenzupf geben musste. Stattdessen hatten wir es hier und da mit Zusammenrottungen von zwei, drei halbstarken Radieschen zu tun, die sich aber im Verlauf der Zeit gegenseitig eher umbrachten, wenn man sie

zusammen stehen ließ. Der Rest schoss gleich ins Kraut.

Wir wählten wütend ein arithmetisch gerechtes Verfahren, wie es einst die römischen Zenturios mit der sogenannten Dezimierung anwandten, und zupften neun Pflanzen für einen völlig beliebigen Stehenbleiber. Das Ergebnis wurde nicht besser. Die willkürlich Überlebenden taten, was das Schicksal ihnen vorgeschrieben hatte: Die Kümmerlichen kümmerten weiter vor sich hin, die Vielversprechenden versprachen viel, wurden dann aber doch nur besonders kräftige Büschel Radieschenkraut, die zwischen Blatt und Wurzel irgendwie im vierten

Monat schwanger waren. Mehr war nicht drin, und ab Mai begannen sie sofort zu schießen.

Meine Frau begann schon an eine Verschwörung der Radieschensamenhersteller zu glauben, die mit den Kleingärtnern ihren Schabernack trieben, und – wie bei Faschingspfannkuchen – nur alle hundert Packungen scharfe Samen reintaten.

»Es ist der Boden!«, schlussfolgerte ich schließlich. »Wir müssen mehr Kraft in den Boden geben! Die Radieschen können nicht fett werden, weil unser Boden zu karg ist!« Wir kauften also extra Gemüseerde in Achtzig-Liter-Säcken, die ich torkelnd mit der Schubkarre vom Vereinstor gefühlte drei Kilometer zum Garten schob. Wir kauften auch erdverbessernde Kokosfasern in Achtzig-Liter-Säcken, damit der Boden nahrhaft und luftig zugleich sei wie ein Soufflé. Das war alles nicht ganz billig und der Produktionspreis des einzelnen Radieschens stieg so von 0,2 Cent (auf den Inhalt der Samenpackung umgerechnet) auf sieben Euro.

Bei einer Ernte von vielleicht fünf Stück pro Jahr. Selbstversorgung kann sich eben nicht jeder leisten! Diese rötlichen Ovale wurden behutsam in einer Schale aufgetischt (eigentlich hätte man sie wie Fabergé-Eier extra beleuchten müssen, so wertvoll wie sie waren) und von den Kindern gleichwohl sofort verschmäht, weil sie denen aus dem Supermarkt überhaupt nicht ähnlich sahen und außerdem fies scharf waren.

Wir sprachen nicht darüber. Wenn jemand behauptete, er hätte schon frische Radieschen geerntet, bestätigten wir, dass wir auch schon üppig Radieschen hätten. (Nur eben als Kraut. Wir machten mittlerweile Radieschenblättersalat und Radieschenblätterchips, um nicht das Gefühl zu haben, ausschließlich für den Kompost zu produzieren.)

Im zehnten Jahr unserer Radieschenzuchtbemühungen, als ich mit meiner Frau an einem schon recht milden Apriltag vor dem wuchernden, knollenlosen Grün der Radieschenreihe stand, fasste ich ihre Hand und sprach: »Ich glaube, wir müssen tiefer in die Seele unserer Radieschen schauen, um zu verstehen, was hier vor sich geht. Wasser, Boden, Sonne, Luft – alles gut und schön, aber es sind doch grobstoffliche Faktoren. Dass unsere Radieschen schlank bleiben, muss mit feineren Schwingungen erklärt werden. Wir alle wissen, dass Radieschen ihre Speicherknolle nur bilden, um Kraft für die harten Zeiten zu speichern. Es ist sozusagen eine Angst- und Sorgenknolle. Unsere Radieschen hingegen spüren, dass wir es gut mit ihnen meinen. Sie brauchen sich keinen Bauch anzufressen. Deswegen treiben sie munteres Grün in die Höhe, wie es Pflanzen tun, die keine Furcht vor der Zukunft haben. Nimm es einfach als Lob unserer guten Radieschenpflege!«

Meine Frau sah mich lange mit ihren schönen braunen Augen an und sagte dann:

»Du hast einen Knall!«

Handvertikutieren Sie doch nicht mit mir!

Als ich das erste Mal einen vertikutierten Rasen sah, war ich entsetzt. Die Grasnarbe war zerfetzt, das Erdreich war herausgerissen, und wo vorher hundert Halme dicht an dicht gestanden hatten, stand jetzt einer. Der Rasen erinnerte mich an die geschlachteten Hühner meiner Großmutter, nachdem sie diese mit ein paar Handgriffen einmal grob durchgerupft hatte. Vertikutieren schien mir als so vorsätzlich brutale Behandlung einer Graslandschaft bloß eine Vorstufe von Exekutieren. Doch schon nach vier Wochen musste ich meine Meinung ändern. Der zuvor so entsetzlich malträtierte Rasen war dicht und grün und makellos, und sein Besitzer erzählte mir stolz, er mache das zweimal im Jahr, damit das Gras kräftiger wachsen könne.

Ich war damals Mitte dreißig, auf meinem Haupte wurde es lichter, und spontan wünschte ich, meine Haare würde gleichermaßen auf eine solche Behandlung ansprechen. Einmal das eigene flüchtige Haar zerrauft und büschelweise ausgerupft – und vier Wochen später hat man eine filzdichte Matte wie der ARD-Rechtsexperte Frank Bräutigam. Leider ist dem nicht so, aber jeder Gärtner sollte es wissen: Gras – das geborene Opfer unter den Pflanzen – ist dankbar für Misshandlung. Ausreißen, Zermalmen, Dazwischenhauen – da geht es dem Gras erst richtig gut. Das hat Gründe, denn Gras ist ja von Beruf Futter. Büffelherden oder Graugansschwärme reißen und rupfen, zertreten und bescheißen das Gras, wo immer sie können. Alle Seiten leben gut damit und wachsen und vermehren sich prächtig.

So hob ich denn auch froh und wissend die Augenbrauen, als unser Vorpächter bei der Übergabe des Gartens auf eine Art scharfzinkigen Rechen wies und meinte, der sei ein Handvertikutierer. Er sprach es mit einer eigenartigen Betonung aus. Fast schien es, als wolle er dem Gerät damit eine besondere Weihe verleihen. Vermutlich hatten nur wenige Gartenfreunde auf der Welt einen Handvertikutierer, und wir seien nun Teil dieses illustren Kreises. Ich stellte mir denn auch sofort vor, wie ich Grillfreunden, die mich dereinst auf meinen vorbildlichen Golfrasen ansprechen täten, die lässige Bemerkung »Tja, handvertikutiert!« hinwerfen würde. Ergänzen würde ich »Mit einem Motorvertikutierer kriegt man so einen prächtigen Rasen natürlich nicht hin. Viel zu mechanisch. Nur mit einem Handvertikutierer kann man Zentimeter für Zentimeter auf die Charakteristik des Rasens eingehen!« Meine Grillfreunde, die natürlich von solchen Feinheiten der Gartenkunst noch nie was gehört hätten, würden staunend nicken und ihre Biere noch eine bedeutende Weile ungetrunken in den Händen halten.

Vielleicht muss ich dazu etwas Grundsätzliches erklären. Ich bin ein ziemlicher Feger. Wenn früher in der Sporthalle jemand gesucht wurde, der mit dem überbreiten Besen die Bohnerspäne über das Parkett schieben sollte, ging meine Hand wie von selbst nach oben. Ich mochte auch das Treppenfegen bei uns daheim. Das Anknallen des Besens an die Scheuerleisten beim Fegen auf den Stufen. Das Anwachsen des Kehrichthaufens von Absatz zu Absatz. Das Finden von Kleinigkeiten im Staub. Ranzennieten und Liebesperlen. Ich mag auch das Harken mit seiner flüchtigen Rillenordnung im Sand oder das Zusammenharken von Laub zu großen, leichten Blätterhügeln. Kein Umgraben mit dem Spaten kann mir diese Befriedigung verschaffen. Kurz: Ich bin ein Mann der Oberfläche. Oberflächliches Arbeiten ist einfach meins. Und jetzt also das Vertikutieren, das Harken mit Messern unten dran. Mit einem Wort: Ich konnte es kaum erwarten!

Als die ersten warmen Frühlingstage kamen und der Rasen abgetrocknet war, trug ich die blitzende Messerharke zum Ruhme des Heiligen Vercutius auf das noch scheue Grün und ließ sie bedeutend in den Boden fallen. Ich wollte sie über das Gras ziehen, aber der Handvertikutierer bewegte sich keinen Millimeter. Ich zog am Stiel, aber nix passierte. Ich senkte den Stiel, um den Winkel zum Boden zu verringern, aber sosehr ich auch zog, der Handvertikutierer stak wie ein Anker im Boden. Man hätte Luftschiffe an ihm festmachen können. Ich stellte mich schräg, ich zog mit Ruck, ich bewegte den Stiel hin und her. Die Krallen des Vertikutierers blieben dort stecken, wo sie in das Erdreich gedrungen waren.

»Wahrscheinlich kann nur der rechtmäßige König dieses Gartens den Vertikutierer durch den Rasen ziehen!«, rief meine Frau und lachte sich scheckig. Der Humor meiner Frau machte mich auf der Stelle rasend. Ich stemmte meine Füße in den Boden und zerrte am Handvertikutierer, wie ich noch nie an etwas gezerrt hatte. Da gab er nach. Doch er schnitt nicht durch den Boden, sondern sprang mit den Krallen aus dem Gras, sodass ich rücklings zu Boden fiel, worauf der Stiel zwischen

meinen Beinen Unheil anrichtete. Während ich mich noch herumwälzte, kam meine Frau und zeigte mir, wie ich durch leichteres Auflegen des Handvertikutierers auf der Grasnarbe Durchzug erreichen könne.

Ich überlegte kurz, ob sie die richtigen Prioritäten hätte, stöhnte dann aber ein Danke und erhob mich mit meinen blauen Bommeln, um es ihr nachzutun. Aber der Erfolg war mäßig und unmännlich. Ich kratzte ein bisschen totes Gras heraus, aber die nötige Belüftung und Lockerung des Rasens war damit nicht zu erreichen. Ich musste also doch wieder stärker in den Boden mit den Zinken und begriff, dass ich mich in ein Zugtier verwandeln musste. Dank meiner exzellenten polytechnischen Schulbildung war mir das Bild von Ilja Repin »Die Wolgatreidler« noch gut in Erinnerung. Also zog ich – unter Protest meines Weibes – einen Spanngurt aus der Hängematte und befestigte ihn als große Schlaufe am Handvertikutierer. Dahinein stellte ich mich, und so hatte alles Stemmen endlich Erfolg. Unter Aufbietung meiner gesamten fitnessgestählten Körperkraft gelang es mir, die zwanzig Quadratmeter Rasen von Hand zu vertikutieren. Ich stürzte noch zwei Mal, wobei ich mir im Rasen am Apfelbaum die Lippe blutig schlug, aber dann war es getan. Mein Rasen konnte wieder atmen. Ich würde sogar sagen, er bekam in diesem Moment mehr Luft als ich, der ich schwitzend und schnaufend aus meinem Vertikutiergespann stieg. Ich fiel auf die Knie und bat Gott um Vergebung, dass ich damals bei der Klassenarbeit in Kunsterziehung zum Thema »Bildbetrachtung – Die Wolgatreidler von Ilja Repin« nur eine halbe Seite mit jugendlichen Unwirschheiten hingerotzt hatte.

Was für Recken behausten die Vergangenheit? Woher nahmen diese Menschen mit einer Schüssel Kascha am Tag die Kraft, ganze Schiffe gegen den Strom zu ziehen? Wo ich es kaum schaffte, ein teppichgroßes Stück Rasen von Hand zu vertikutieren? Wenn mich das Schicksal zum Wolgatreidler bestimmt hätte, wären die Schiffe wieder unaufhaltsam zu ihrem Ausgangshafen zurückgeglitten. Das steht mal fest. Ich wäre die halbe Wolga lang bis zurück nach Astrachan gestolpert oder am Zugriemen durch den Ufersand geschleift worden. Die fetten Kaufleute auf dem Schiff hätten erst vergeblich »Quäl dich, du Sau!« gerufen, um dann wütend auf ihren Bojarenmützen herumzutrampeln.

Da Frauen abgekämpfte, ausgelaugte Männer irgendwie mehr mögen als Männer, die sich in Wellness-Lounges das Brusthaar ondulieren lassen, kam meine Frau jetzt herüber und wollte mich loben. Ich konnte sie gerade noch so mit einer schwachen Geste davon abhalten, über den vertikutierten Rasen zu latschen. Ich hatte so ein Gefühl, dass überhaupt niemand mehr diesen Rasen betreten sollte, egal, ob frisch vertikutiert oder später. Es war heiliger, mit Künstlerschweiß gedüngter Rasen.

Es war dennoch fraglich, ob ich mich tatsächlich zwei Mal pro Jahr dieser Mühe unterziehen würde. Warum sollte mein Rasen belüfteter sein als meine Wohnung? Golfrasen ist doch nichts als Faschismus im Grünen. Eine Vision von reinem, unvermischtem Herrengras. Wen stören Gänseblümchen oder hier und da ein Moospolster? Wenige Geräte haben mehr zu meiner Naturgartenphilosophie beigetragen als der Handvertikutierer.

Handvertikutierer stellen dir die Frage, ob du etwas wirklich, wirklich willst. Die Dornenhecke, die der Prinz in »Dornröschen« mit dem Schwert zerhackt, um zur schlafenden Schönheit vorzudringen, ist doch ein lächerliches, infantiles Scheinhindernis. Hätte der Prinz das wunderschöne Dornröschen auch gerettet, wenn er zuvor den gesamten Rasen vorm Schloss hätte von Hand vertikutieren müssen? Ich glaube nicht. Er wäre weitergeritten und hätte ein Königreich weiter Prinzessin Hängebacke mit dem schlimmen Vorbiss geheiratet. Und selbst wenn er sich dieser Qual unterzogen hätte, wäre ihm dann noch die Kraft geblieben, das schlafende Prinzesschen zu küssen? Wohl kaum. Eher hätte man hundert Jahre später die beiden nebeneinander schnarchend gefunden.

Lavendel – Duft- und Raumforderung

Als mein Vater ein junger Mann war, arbeitete er als Knecht bei einem Großbauern in Köterbusch. (Köterbusch ist heute berühmt als Dorf mit der größten Altphilologendichte der ganzen Welt, nämlich einhundert Prozent. In Köterbusch gibt es allerdings auch nur zwei Häuser. In beiden wohnen Altphilologen. Würde mich nicht wundern, wenn die Amtssprache dieses Örtchens Latein wäre.) Der Lohn war spärlich, und beim Dorftanz ließ sich damit maximal ein Hellbier erwerben. Das war natürlich für einen Rausch oder gar für eine Damen-Einladung zu wenig und so sann mein Vater auf kleine Geschäfte, um sein Salär aufzubessern. Es ergab sich, dass er einer Schwester des Großbauern im nahen Hagenow Brennholz liefern musste. Die Dame besaß eine Zwergspitzhündin, die aufgrund einer Unachtsamkeit von einem Dackel besprungen worden war und nun drei unwillkommene Bastardwelpen zur Welt gebracht hatte.

Die Großbauernschwester reichte denn auch dem

schlaksigen Jüngling, der mein Vater damals war, zum Abschied eine Kiste mit den fiepsenden Welpen drin und sagte: »Mok die ma wech!« Mein Vater nahm die Kiste und hätte es sicher auch an der nächsten Flußbiegung getan. Es war schließlich 1947 und die Empfindlichkeiten waren noch ein bisschen taub vom Krieg. Aber mein Vater hatte nicht umsonst zuvor seinen Geschäftssinn geschärft. Wenn dir das Leben drei Zwergspitzdackelwelpen umsonst gibt, dachte er, will es dir vielleicht was sagen.

Er machte also eine größere Runde durch ein paar Käffer, ging dort in die Wirtshäuser und tat sonders wie mit seiner Kiste, die er angeblich von einem russischen Kommandanten für eine besonders fette Gans bekommen hätte. Drinnen seien drei kostbare Nachkommen kaukasischer Bärentöterhunde, die wegen ihrer Kraft und Größe in Kaukasistan sogar zum Gespanndienst am Pflug eingesetzt würden. Und nein, er könne keinen abgeben, da sein Dienstherr erst alle drei in Augenschein nehmen solle. Da wurden die Augen groß und begehrlich, wo doch ein grimmiger und wilder Hofhund in diesen wilden Zeiten besser war als Schloss und Kette. Es wurde gemurrt und gemault, der Bauer wisse doch gar nichts von dreien, dem würde doch ein Bärenreißer oder auch gar keiner vollauf genügen. Und schwups hatte er die kleinen Wuschel am Ende des Tages allesamt verkauft.

Das so verdiente Geld hätte sicher bis zum Ende seiner Lehrzeit gereicht. Aber ein halbes Jahr später erzählte ihm sein Lehrherr, dass ein Betrüger durch die Dörfer gezogen sei und irgendwelche Zwergspitzbastardwelpen als kaukasische Bärentöter verkauft hätte. Und jetzt, wo die unnützen Fresser, durchaus klein geblieben, spitz im Hof rumkläfften, sei der Zorn groß. Er würde dem Betrüger nicht raten, zu Fuß durch diese Dörfer zu gehen, und ob mein Vater nicht Interesse an einem Fahrrad hätte, das er ihm zu einem fairen, aber auch nicht untertriebenen Preis verkaufen würde. So musste mein Vater ein Gutteil seines Geldes an den Großbauern abgeben, aber konnte wenigstens vom Dorftanz zurück durch den dunklen Tann nach Köterbusch radeln, ohne verprügelt zu werden.

Warum erzähle ich diese putzige, aber doch nicht eben gartenrelevante Anekdote? Weil ich glaube, dass diese Missetat einen Fluch auf mich vererbte. (Und ich meine nicht die Tatsache, dass ich ebenfalls nicht so groß wurde, wie es die Welt von mir erwartete.) Nein, andersherum.

Wir haben vor ein paar Jahren Lavendel gekauft. Blaugrüne Pflänzchen, so groß wie eine Hand vielleicht. Meine Frau sagte: »Lavendel, der duftet schön, den pflanzen wir gleich vorn am Eingang in Reihe an den Wegrand, und dann rufen alle, die reinkommen, erst mal ›Ah, dieser Duft!‹, wenn der Lavendel blüht.«

Ich stimmte ihr zu, denn mit Duft kann man schließlich eine Menge überdecken. Die Nase ist evolutionsgeschichtlich älter als das Auge, und deswegen wirkt ein Garten, in dem es nach Lavendel duftet, niemals ungepflegt oder vernachlässigt, selbst wenn er aussieht wie ein Meteoritenkrater mit Bewuchs. Ich erinnerte mich an Postkarten, die mir Freunde aus der Provence geschickt hatten. Lavendelfelder. Herrliche Reihen in Violett. Leider waren auf den Postkarten nie Menschen zu sehen, die durch Lavendelfelder gingen, sonst hätte ich mich anders entschieden. Ich formuliere es mal bewusst zugespitzt: Wahrscheinlich gingen auf diesen Fotos Menschen durch Lavendelfelder. Aber sie waren nicht zu sehen, weil sie verdeckt wurden. Und zwar durch den Lavendel. Denn: Lavendel wird zwischen einen Meter und einen Meter fünfzig hoch – und breit.

Oder wie mein Schwiegervater sagte: »Das weiß man!« Oder wie mein Schwiegervater weiter sagte: »Wenn man es nicht weiß, fragt man!« Oder auch: »Niemand pflanzt Lavendel in einem Kleingarten auf Reihe! Niemand!« Und dann: »Lavendel nur als Solitär! Im Blumentopp! Grundsätzlich!« Bis er im Anschluss daran erwartungsgemäß zu einer persönlichen Geschichte ausholte: »Ick habe schon neunzehnhundertfünfundsiebzig zum seligen Kuddi Hollermann jesacht, wie der mit seinem Lavendel ankam, dasser die nicht anne Kellertreppe pflanzen kann, wegen Feueralarm und Fluchtwege. Da hat er noch gelacht …«

(Je nach Temperament und Phantasie mögen Sie hier Details von Kuddi Hollermanns entsetzlichem, aber überaus wohlriechendem Flammentod in einem Lavendelgestrüpp anfügen, aber möglicherweise war auch alles ganz anders, denn die Berichte eines Menschen werden bekanntlich umso farbiger je grauer sein Haar wird.)

Wie auch immer: Wir wollten keinen kaukasischen Bärentöter-Lavendel, aber wir haben ihn bekommen. Wir wollten Zwergspitzdackel-Lavendel. Eine klein bleibende Reihe Wohlgeruch. Nicht diese armbreit ausfächernden Blütenstände, auf denen eine Unzahl an Bienen und Hummeln den leckeren Lavendelnektar abweidet.

Und deswegen rufen jetzt alle unsere Gäste »Ah, wie das duftet!« Aber sie rufen es erst mal von draußen über den Zaun. Denn zwischen Juni und August kommt man nicht mehr so einfach in unseren

Garten. Draußen stehen unsere Gäste und zögern. Sie wissen nicht, wie man sich einen Weg durch insektensummendes Lavendeldickicht schlägt. Mitgebrachte Kinder verstecken sich hinter den Elternbeinen und weinen: »Die doofen Bienen sollen weggehen!«

Meine Frau hat schon mit dem Gedanken gespielt, ihn umzupflanzen, aber das hieße, Schwiegervater recht geben. Und das darf niemals geschehen! Ein Mann, der seinem Schwiegervater recht gibt, trägt seine Hoden umsonst. Lieber bin ich bereit, jede noch so törichte Fehlentscheidung als »my personal way of gardening«, als trendigen Sperrbewuchs am Gartentor (»Hüfthohes Lavendelgestrüpp – Die neue Art, Gäste zu empfangen«) zu verkaufen, als reumütig an der Kaffeetafel zu sitzen und dem Schwiegervater auf seinem Lehnstuhlthron untertänigst zu melden: »Wir haben den Lavendel jetzt so gepflanzt, wie du es uns gezeigt und vorgelebt hast!«

Stattdessen raufen wir den Lavendel jetzt rechtzeitig beiseite und binden ihn hoch. Später schneiden wir ihn kurz vor dem Ende der Blüte herunter, um mit den Blüten Lavendelkissen zu füllen. Die Blütenstände hängen wir zum Trocknen in urigen Garben ins Gartenhäuschen, das damit aussieht, als würden hier gleich Modeaufnahmen für legere feminine Landmode gemacht. Dann fahren wir in den Urlaub, und wenn wir zurückkommen und die Tür öffnen, sind alle Lavendelkörner herausgefallen, und die Mäuse hocken entspannt auf dem so bestreuten Boden und gucken uns treuherzig mit ihren Stecknadeläuglein an, weil Lavendel angstlösend wirkt und ihre Fluchtreflexe von so viel Wummerduft noch ganz betäubt sind. Dann sagen wir »Aber nächstes Jahr!«, was man oft sagt im Garten und was die schönste Lüge überhaupt ist.

Der Tag, an dem Willy geschnappt wurde

»Wir alle kennen die Situation in Bangladesh«, sagt der VauVau mit Mehltau auf der Stimme, »ein Land, das jährlich, ja monatlich von Überschwemmungen heimgesucht wird. Doch die Menschen dort machen keine große Welle, sie klagen nicht, sie verzagen nicht, sie nehmen das Leben, wie es kommt.«

Der VauVau steht am Eingangstor und begrüßt heute jeden Gartenfreund persönlich. Jüngeren Männern (zu denen er mich dankenswerterweise noch zählt) boxt er aufmunternd gegen die Rippen und ruft »Kopf hoch! In ein paar Wochen ist das alles vergessen!« Älteren Damen hält er die faltigen Finger mit beiden Händen und murmelt etwas von »Krieg« und »Wiederaufbau«.

»Hoffnung«, spricht der VauVau auf sehr eindringliche Weise die silbergraue Gartenfreundin Kulke an, die darüber spontan in Tränen ausbricht, »Hoffnung ist kein leeres Wort. Wir Kriegskinder wissen, dass es wieder aufwärtsgeht. Wir krempeln einfach die Ärmel hoch und packen an.«

Dann geleitet er sie noch zwei, drei Schritte und empfiehlt, dass sie sich auf dem Hauptweg eher links halten solle, da dort der Boden fester sei. GFin Kulke hangelt sich denn auch vorsichtig an den Zäunen entlang. Nach ein paar Metern verschwinden ihre Schuhe schlickernd, und bald patscht sie durch knöchelhohes Wasser. Wir gehen auch lieber Hand in Hand wie Jungverliebte den Gartenweg hinunter, und zwar barfuß, denn in der Nacht zuvor haben die Städtischen Wasserbetriebe beschlossen, Teile Leipzigs zu retten, indem sie unseren KGV opferten.

Sommerlicher Starkregen, dieses dunkle Omen drohenden Klimawandels, drosch und peitschte die ganze Nacht vom Himmel. Keller ließen sich hemmungslos volllaufen, und Flüsse traten beherzt über ihre Ufer. Die Feuerwehr musste sich in Regenwehr umbenennen und versuchte, das Wasser von den Kellern in irgendwelche Löcher zu pumpen, die nicht gerade überquollen. Es war der schlimmste Niederschlag seit Beginn der nun sicher feucht gewordenen Aufzeichnungen, und er war stark genug, um den Chefs der Städtischen Wasserbetriebe eine brutale Entscheidung abzunötigen. Sie ließen von ihren gedungenen Wasserknechten im Ölzeug die Hauptwehre vier und sieben öffnen, um die reißende Parthe davon abzuhalten, das angrenzende

Jugendstilviertel in ein neues Venedig zu verwandeln. Die Parthe, sonst ein Bächlein mit der Lizenz zum Durchwaten, warf sich darauf sofort zur anderen Seite und ergoss sich wie beabsichtigt in den KGV. »Geplante Flutung des Zwischennutzungslandes« heißt das und war uns bis dato als amtliche Maßnahme unbekannt.

Nun ist der Regen vorbei, die Sonne lacht, als wäre nichts gewesen, und vor uns breitet sich Sumpfland, wo einmal unser KGV war. Wir fragen uns, ob die Menschen in den teuren Wohnungen da drüben wissen, dass unser kleines Paradies für sie ersoffen ist. In unserem Garten stolziert ein Reiher und äugt lauernd ins flache Wasser. Reiher sind meines Wissens keine Obstesser, und er scheint mir nicht auf Erdbeeren aus zu sein. Jetzt hat er etwas erwischt, schnippt und schnappt die zappelnde Beute im Schnabel herum, wirft sie sich geschickt in den Schlund und würgt den Brocken mühsam herunter. Über alldem bemerkt er nicht, dass wir schon im Garten sind. Hektisch fliegt er mit dickem Hals auf, als wir ihn fast schon in Griffweite haben.

An der Stelle, wo er abflog, blubbert jetzt das Schlickwasser. Wasser, denke ich voll Schauder, Wasser verteilt alles. Wo sonst ein Kackhäuflein oder eine Tüte Müll liegt und auch liegen bleibt, schwemmt nun das Wasser den Unrat in feiner Lösung überallhin.

»Wir könnten Reis pflanzen!«, versucht meine Frau mich zu erheitern. Ich schaue mich um auf unserem Friedhof der ertrunkenen Pflanzen und sehe, wie neben allerlei Plastik und Verpackung auch anderes, weniger klar Erkennbares im Wasser schwimmt. Ich würde gern hoffen, dass es Kompostbrocken sind, aber ich kann nicht. Ich bin kein Bangladeshi.

»Hat sich erledigt mit dem Garten«, sage ich und will schon wieder gehen.

»Wieso denn? Das läuft doch alles wieder ab!«, meint mein Weib. »Kannst du dir eigentlich vorstellen, was hier alles reingeschwappt ist? Exkremente voller Amöben von der Ruhr und Billharzwürmer, die deine Augen von innen heraus fressen, chemischer Dreck wie polychlorierte Biphenyle, die Akne und Haarausfall verursachen, Methylquecksilber, welches das natürliche Fluchtverhalten von Wirbeltieren beeinträchtigt, polybromierte Diphenylether, die Lageveränderungen des männlichen Hodens hervorrufen!«, rufe ich, »möchtest du, dass ich ein blinder, glatzköpfiger Pickelfritze werde, der bei Gefahr nicht mal mehr weglaufen möchte, und zwar unter anderem auch deshalb, weil sein Hoden gerade unter die Fußsohle gewandert ist?«

Meine Frau sagt jetzt, dass die einzige Gefahr für meine Gesundheit von zu viel Internetlektüre ausgehe.

»Ist der Willy bei euch?«, ruft in diesem Moment GF Uhlig über den Zaun. GF Uhlig hat einen Teich mit Goldfischen im Garten, die er alle mit Namen nennt und kennt. Eine Zeit lang hatte er sogar einen per Infrarot aktivierten Laserstab installiert, der mit grünen Blitzen und den elektronischen Geräuschen eines Giftpfeilfrosches Fischräuber vertreiben sollte. Leider wurde der Laserstab auch bei Amseln, die was trinken wollten, aktiviert, und nach Protest aus der Nachbarschaft bequemte er sich dazu, ihn abzubauen und bloß noch ein Netz über den Teich zu spannen. »Er muss bei der Flut irgendwie aus dem Teich ausgebüchst sein. Willy ist so weiß-rot gefleckt und hat einen Kometenschweif.« Er wirkt etwas verzweifelt.

Wir schütteln die Köpfe, weil wir in dieser Situation nicht die Kraft haben, ihm von unseren Vogelbeobachtungen zu berichten. Er zieht betrübt weiter. Sicher kommt er bald drüber weg.

»Ich werde jedenfalls nie wieder was aus diesem Garten essen!«, erkläre ich meiner Frau, »von mir aus können wir den Garten noch als Schaugarten behalten, für Blumen und Duftkräuter, aber ich sage hiermit goodbye Selbstversorgung!«

Meine Frau meint, wenn das Wasser abgelaufen wäre, würde sie einmal alles ordentlich mit dem Schlauch abspritzen, und gut sei.

»Und was ist mit den Schwermetallen, hä?«, krame ich meine exzellenten Kenntnisse des Periodensystems hervor, »Schwermetalle kannste nicht abspritzen. Die sind nämlich zu schwer!«

»Du musst ja hier nichts mehr essen. Ich werde aber weiterhin aus dem Garten essen, und niemand wird mir das verbieten!«, sagt meine Frau, weil sie weiß, wie sie mich kriegt.

Jetzt bin ich nämlich der egoistische Lump, der seine Gesundheit über die Liebe stellt. ›Wenn du mich wirklich lieben würdest‹, sagt der Blick aus ihren wunderbraunen Augen, ›äßest du mit mir zusammen das giftigste Gemüse der Welt. Denn, wenn ich nicht mehr bin, hat dein Leben ohnehin keinen Sinn mehr!‹

Ich wate missmutig durch den braunen Tee aus Dreck und ersoffenen Blüten, der unseren Garten bedeckt. ›So zieht Liebe die Klugheit in den Abgrund‹, denke ich. Eben darum waren alle großen Philosophen unverheiratet.

Mein trübsinniges Grübeln wird durch lauten Streit unterbrochen. Im Garten von GF Katzsche ist Geschrei und Handgemenge im Gange. GF Uhlig behauptet nämlich, seinen Willy in Katzsches

Teich endlich gefunden zu haben. Dieser bestreitet das und will den angezeigten Goldfisch nicht herausgeben. GF Uhlig schreit, er könne beweisen, dass dieser Goldfisch da sein Willy sei, denn er hätte eine eingedrückte Brustflosse, und wirft sich an den Teich, um den Goldfisch zu greifen. GF Katzsche wiederum reißt GF Uhlig zurück, tobend, dass ja wohl jeder Goldfisch, den man mit der Hand fange, eine eingedrückte Brustflosse hätte. Eine Art Schlammringkampf entspinnt sich zum Entsetzen von Frau Katzsche.

Meine Frau nimmt meine Hand. »Vielleicht werden wir alle hier im Gartenverein langfristig an Schwermetallvergiftungen sterben«, sagt sie, »aber es sollte wenigstens kurzfristig keine Toten geben. Geh mal rüber und sag es ihnen.«

Und dann wate ich wie ein chinesischer Reisbauer hinüber, räuspere mir die Aufmerksamkeit der beiden mit Schlamm besudelten Gartenfreunde zusammen und spreche langsam und sehr deutlich:

»Doch, wir haben Willy gesehen. Er hat seine letzte Reise angetreten. Es war eine Flugreise. Mit Reihern-Air.«

Jetzt schluchzt GF Uhlig, und das rührt GF Katzsche, und er tröstet ihn.

Vier Wochen später sind die vom VauVau in Auftrag gegebenen Bodenanalysen da. Alles im grünen

Bereich. Es wird wohl keine weiteren Toten geben. Die Städtischen Wasserbetriebe spenden reumütig ein paar Tonnen Kies für einen neuen Hauptweg und einen Gutschein im Wert von einhundert Euro für einen Einkauf beim Aquaristikcenter Böbisch.

Flashmob-Pflanzen

Einstmals wuchs an einer nicht weiter beachteten Stelle unseres Gartens eine kleine blaue Blume mit dillartigen Blättern. Sie stand so da und blühte schüchtern vor sich hin. Wenn ich ihr mit der Hacke zu nahe kam, schaute sie mich mit ihren fünf blauen Kronblättern besonders unschuldig an, als wolle sie sagen: Bitte, jäte mich nicht! Ich nehm doch nicht viel Platz weg und bin nur ein hübscher, kleiner, blauer Tupfer in dieser unwichtigen Ecke deines Gartens!

Ich rief meine Frau und zeigte ihr das Blümelein.

»Oh, wie allerliebst!«, sprach sie, »eine Jungfer im Grünen!«

Der Name machte mächtigen Eindruck auf mich. Wir standen noch eine Weile und warfen uns andere, ebenso märchenhafte und sprechende Pflanzennamen zu wie »Vergissmeinnicht«, »Tränendes Herz« oder »Jelängerjelieber«.

Doch da erhob sich plötzlich eine weiße Wolke vor meinem geistigen Auge, und aus dieser Wolke formte sich langsam, aber unaufhaltsam der schlohweiße Bart meines Schwiegervaters. Wie ein alttestamentarischer Gartengott erschien er, umwallt von ebenso schlohweißem Haar und donnerte: »Bei Blütenpflanzen im Garten gibt es nur eine einfache Regel: Habe ich gesät, was da steht? Wenn nein, raus! Und zwar so schnell als möglich! Niemand außer mir sät irgendwas in meinem Garten. Kein Vogelschiss, kein Wind und kein Samenkatapult! Deswegen muss zwischen allen Pflanzen stets eine Handbreit Boden zu sehen sein! Als Kontrollstreifen!«

(Ich sollte an dieser Stelle vielleicht anfügen, dass meine Schwiegereltern im ehemaligen innerdeutschen Grenzland leben und der Gartenbau hier noch stark von militärischen Gepflogenheiten beeinflusst ist.)

»Soll ich sie wegmachen?«, fragte ich drum vorsichtig meine Frau, denn meine Frau ist Verlusthysterikerin und reagiert schon auf das Wegschmeißen von irgendwelchen, etwas edler bekordelten Geschenktäschchen mit »Nein! Was hast du getan? Die hätte man doch noch … Es war meine Lieblingsverpackung!« – Verzweiflungsgebärden.

»Um Gottes willen, nein! Die ist doch schön!«, sagte sie denn auch erwartungsgemäß, und wir ließen die Jungfer im Grünen stehen. Im darauffolgenden Jahr zeigte sich, dass das mit der Jungfer wahrscheinlich doch ziemlich gelogen war. In der dazugehörigen Sage heißt es, dass eine Bauerntochter namens Gretl sich einst unsterblich in Hans, den schnuckeligen Sohn allerdings sehr einkommensschwacher, landarmer Werktätiger, verliebte. Gretls Vater aber verspürte nicht die geringste Neigung, seine Tochter mitsamt dem üppigen Grund und Boden an diesen Hungerleider zu verheiraten und verbot die Verbindung. Doch da die beiden nicht voneinander lassen wollten, flohen sie ins Reich der Pflanzen, und Gretl wurde die Jungfer im Grünen und Hans wurde – die Vogelmiere. Das hätte uns stutzig machen sollen. Vogelmiere verdoppelt sich, wenn man sich umdreht. Vogelmiere gedeiht, wo kein Gras mehr wächst. Vogelmiere will nichts vom Leben außer mehr Vogelmiere! Es liegt nahe, der Jungfer im Grünen eine ähnlich brünstige Fruchtbarkeit zu unterstellen. Und so kam es denn auch. Im nächsten Jahr poppten überall in den Beeten Flashmobs von Hunderten Jungfern im Grünen auf. Von anderen Blütenpflanzen war höchstens noch ein Winken aus der Masse zu sehen. Der Garten war blau.

Diesmal war ich bereit, mir den Fuß meines allwissenden Schwiegervaters auf den eigenen, dummen Schädel zu setzen und zu tun, was er geraten hatte. Noch bevor die luderhafte Jungfer ihre Samenkapseln prasselvoll ansetzen konnte, schnitt ich sie weg. Heimlich, ohne meine Frau zu fragen. Am Abend vorm Sommerurlaub. So wie es selbstbewusste, in ihrer Meinung unerschütterliche Männer tun, die keine Angst vor der »Emotionalität« ihrer Gattin haben.

Doch die Invasion hatte den Ruf unseres Gartens nachhaltig beschädigt. Offenbar hatte sich unter den anderen, halbwegs schön blühenden Unkräutern herumgesprochen, dass man bei uns völlig ungerupft Party machen könne. ›Die Frau ist sentimental, und ihr Oller ist halb faul, halb feige!‹, wisperten die Unkräuter sich in ihren unbequemen Schattenplätzen zu. Dann ging es richtig los. Als Nächstes kamen die Margeriten. Erst nur drei mickerige Pflänzchen mit ein paar weißen Korbblüten. Wie gemacht, um sie zu pflücken und die Blütenblätter auszureißen, um »Sie liebt mich, sie liebt mich nicht« zu zählen. Was wir nicht taten. Ein

Jahr später brauchte es fast eine Sense, um durch die Margeriten zu kommen. Die Parzelle sah aus, als hätte jemand eine Bergwiese drübergeworfen.

Später trieb ein unscheinbares Habichtskraut aus unserem Rasen und balancierte alsbald eine leuchtend orangerote Blüte auf dem Stängel, um meinen Vernichtungswillen zu paralysieren. Doch da hatte es sich verrechnet. Ich schnitt die Blüte ab. Rechtzeitig, wie ich meinte. Dem Habichtskraut ist das aber leider völlig egal. Es vermehrt sich durch unterirdische Ausläufer, von denen jede Pflanzen ihrer vier bis sechs produziert. Da ich die Potenzrechnung nicht sehr gut beherrsche, erkannte ich das dahinterstehende Potenzial nicht. Kurz gesagt: Das Habichtskraut hat jetzt unseren Rasen zu großen Teilen ersetzt! Ja, es gäbe die Möglichkeit, die Wurzeln der Pflanzen einzeln auszustechen. Den dazu benötigten Aufwand kann man wiederum leicht – wer hätte das gedacht? – per Wurzelrechnung herausfinden. Aber ich will das gar nicht wissen.

Später bekam unser Garten Anfälle von hübsch giftiger Akelei und laternenartigem Salomonsiegel. Neuerdings pöbeln Banden von Vexiernelken durch unsere Beete. Sofern sie sich zu anderen Blütenpflanzen gesellen, lassen wir sie. Nur, wo Gemüse wachsen soll, werden sie ausgerupft. Nur von diesen Beeten machen wir Bilder für die Schwiegereltern.

Häcksel und Gretel

Der Wunsch, Dinge zu zerkleinern, wohnt jedem Menschen inne. Wahrscheinlich wäre nicht einmal der Faustkeil erfunden worden, wenn nicht irgendwann vor Zigmillionen Jahren ein Homo destructivus wie besessen auf einem Feuerstein herumgekloppt hätte. Seitdem macht der Mensch alles kaputt, was er in die Hände bekommt. Erzadern, Kohleflöze, Salzstöcke. Porzellan am Polterabend. Auch Teeblätter und Kaffeebohnen macht er kurz und klein. Vor rein gar nichts macht er halt. Neuerdings zertrümmert er auch Nierensteine, und das ist noch lange nicht das Ende. Sogar Atome macht er kaputt. Schon Kleinkinder werden im Kindergarten angehalten, mit einer Schere Papier und Pappe zu zerschnipseln, weil nichts ganz bleiben darf. Und dass die beliebte Geschichte von Max und Moritz damit endet, dass die beiden zu Schrot zerkleinert werden, bedarf, glaube ich, keines weiteren Kommentars.

So ist auch der Kleingärtner vornehmlich ein

Zerkleinerer, genauer gesagt ein Häcksler. Er kann nicht warten, bis natürliches Sterben und Zerfallen die Kräuter und Sträucher, die Äste und Triebe wie im Urwald zu schwarzer Erde werden lässt. Er muss häckseln. Würmer, Pilze und Bakterien, die hungrig auf dem Kompost warten, bekommen sozusagen ihr Essen schon zerkleinert vorgesetzt. Wir kennen das von Seevögeln, die die Atzung für ihre Jungen im Kropf herbeischaffen und ihnen den Brei in die gierigen Schlünde kotzen.

Denn das ist ja das vornehmste Ziel des Häckselns: Eine gleichförmige Masse vormals ungebärdigen Grüns. An allem, was den Kleingärtner im Lauf des Jahres mit Wildwuchs geärgert hat, kann er sich mit einem Häcksler rächen. Aus zehn Kubikmetern lästigem Gestrüpp und Geäst macht der Häcksler einen Eimer grünbrauner Fetzen. So sieht »kleinkriegen« auf gärtnerisch aus.

Häcksler gibt es in allen Formen und Farben. Am eindrucksvollsten sind natürlich jene, die die städtischen Gartenbaubetriebe betreiben, wenn sie im Herbst die Bäume ausasten. Neidvoll schauen die Kleingärtner, wenn da beinstarkes Geäst vorn im Rohr verschwindet und als lauter Holzschnitz hinten wieder rauspfeift. Kein Gartenfreund, der nicht beim Kinofilm »Fargo« der Brüder Coen innerlich in Jubel ausbricht, wenn der eine Schurke den anderen in einen benzinmotorgetriebenen Schredder stopft, um ihn, nun ja, portionierbarer zu machen.

Doch vor die häckselnden Rachephantasien des Kleingärtners hat Gott die Kleingartenmaschinen-Industrie gesetzt. Und so stehen dem Kleingärtner eben nicht die gewaltigen Häcksel-Turbinen-Triebwerke der städtischen Gartenbaubetriebe zur Verfügung, sondern nur absichtlich entschärfte, im Einzug quasi vorgeschwächte Häcksler. Offenbar traut man in den Privatkundenabteilungen der Häckselmaschinenproduzenten dem Kleingärtner nicht über den Weg. Die Frage, die dort in den Entwicklungsabteilungen auf dem Flipchart steht, lautet: Wie muss ein Häcksler konstruiert sein, damit ihn auch ein Mensch bedienen kann, der gerne seine Füße in den Häcksler hält, um sich die Zehennägel zu schneiden, oder aus Spaß seine Rapunzelhaare in die Messermühle hinablässt oder aus Versehen atomare Brennstäbe einführt?

Das Ergebnis: Kurzschlussaffine Geräte, die sich wie alte Tanten aufführen, wenn es um das Zerbeißen von Schnittgut geht. Hier husten sie bei einem Ast, weil dessen Durchmesser die vorgegebenen 1,42 Zentimeter geringfügig überschreitet, da drohen sie zu ersticken, weil das Häckselgekröse fünf Tropfen zu feucht ist. Mittlerweile bezweifle ich, dass es irgendwo in der freien Natur Pflanzenmaterial gibt, das den Betriebsanforderungen eines Kleingartenhäckslers entspricht. Was immer Hersteller mit Anwendungszwecken herumprahlen, technisch und praktisch gesehen sind Kleingartenhäcksler Geräte, die sich selbst mithilfe von eingestecktem Gestrüpp alle fünf Minuten außer Gefecht setzen. Außerirdische, die zur Häckselzeit in einem Kleingartenverein landen würden, sähen eine primitive Zivilisation, die Naturmaterialien in brüllende Kisten stopft, bis sie von alledem erwürgt sind. Die Außerirdischen würden sicher sehr irritiert sein und bald weiterfliegen.

Dennoch werden Häcksler gekauft und hingebungsvoll betrieben. Warum?

Ich habe einen tiefen Blick in die Abgründe meiner Gartenseele geworfen, um eine Antwort zu finden. Dazu musste ich den Mut aufbringen, die »Gerätefrage« zu stellen. Die Gerätefrage lautet, warum brauche ich für eine gärtnerische Tätigkeit eigentlich eine Maschine? Die Gerätefrage ist stets sehr schmerzhaft, denn spätestens beim Kauf eines Laubbläsers erkennt man, dass es keinen anderen Zweck für ihn gibt, außer mit einem dicken Rohr in der Gegend herumzuspazieren. Und natürlich kann man auch Schnittgut manuell zum Beispiel auf einem Stein mit einem Gummihammer zermanschen und auf diese Weise zerfasert zum Kompost geben. Die Antwort auf die Gerätefrage lautet also in unserem konkreten Fall: Kleingartenhäcksler – so unperfekt und schluckgestört sie auch sein mögen – sind perfekte Mittel der akustischen Vergeltung. Häcksler zerhäckseln nämlich als Erstes die Stille. Deswegen muss jeder einen haben.

Stille ist der erste und der letzte Zweck des Kleingartens, noch vor frischer Luft und handgezüchtetem Grünzeug. Stille ist heilig und wie alles Heilige wird sie dem Volk nur zu bestimmten Zeiten gegönnt. Die Monstranz wird nur zu Fronleichnam hergezeigt, und wer den kommunistischen Heiligen Lenin in seinem Mausoleum sehen will, kann dies nur zwischen zehn und dreizehn Uhr, außer montags. Wer jedoch nach der funkelnden Stille des Kleingartens lechzt, darf dies nur zwischen dreizehn und fünfzehn Uhr genießen. Danach ist Schluss mit Genuss. Aber nicht alle Menschen haben die Lizenz zum Mittagsschlaf, auch wenn es Rentnern schwerfällt, dies zu glauben. Manch einer muss die Stille auch außerhalb der gesetzlich vorgeschriebenen Stillzeiten suchen. Liegt nach fünfzehn Uhr im Liegestuhl, hat den Sonnenhut im Gesicht und schnorchelt sich eins. Hier kommt der Häcksler ins Spiel, mit dem man sich gegenseitigen Respekt erhäckseln kann.

Denn war ich nicht eines sonnigen Nachmittags

am Dösen, umgeben von Vogelgezwitscher und dem Summen der Bienen im Blütenmeer, als der betagte GF Panitzsch von gegenüber seine Hartholzzweige mit Schrillfaktor 1000 in den Häcksler drückte? Und zwar so abrupt und unbarmherzig, dass mir mein aufgejagter Herzschlag die Augenbälle aus den Höhlen hämmerte. Und war ich nicht der Mann, der dann ebenso geduldig wie listig Wochen warten konnte, bis GF Panitzsch seine Verwandtschaft zum Kaffeekränzchen am Teakholztisch versammelt hatte, um dann Punkt fünfzehn Uhr faseriges Schilfrohr kreischend zu lauter Streu zu zerhäckseln? Ich sah seinen zornentbrannten Blick, aber ich zeigte ihm mit meiner Uhr am Handgelenk die uneingeschränkte Legalität meines Tuns an. War dies uns beiden nicht Zeichen genug, einander fürderhin achtsam zu begegnen, vor jedem Gehäcksel einen Blick zu werfen, ob der andere gerade ruht oder kaffeeklatscht und Lärm zu vermeiden ist?

So sorgen Häcksler in den Kleingärten für Frieden und Rücksichtnahme, so wie es Atomwaffen im globalen Maßstab tun. Nebenbei rettet es auch noch die Igel, denn niemand kann sich leisten, alles Geäst und Gestrüpp vollständig zu zerhäckseln. Einen kleinen Haufen »Munition« sollte ein Kleingärtner immer und auch über den Winter parat haben. Drinnen hiberniert der Igel, während es draußen stürmt und schneit, er träumt von Engerlingen und fetten Maden, bis ihn im Frühjahr das erste Gekoller und Gekrächze der Häcksler wieder weckt.

Noch einmal mit Gewühl

Vor keinem Lebewesen bin ich öfter niedergekniet als vor Giersch. Giersch ist essbar, scheint sich dessen aber zu schämen. Er versteckt sich in unseren Himbeersträuchern und torpediert dort seine Vernichtung, indem er seine Wurzeln mit denen der Himbeere verknotet, wie ein Kind, das sich in die Arme der Mutter krallt, um nicht zum lieben Onkel Doktor gereicht zu werden. Ich habe trotzdem einen gewissen Ehrgeiz, ihn wenigstens kleinzuhalten. Himbeeren sind mein Liebstes, und ich möchte naschend zwischen ihnen einhergehen und nicht ständig von den Stängeln dieses elenden Kaninchenfutters zu meinen Füßen behindert werden. Also knie ich im Frühjahr im Himbeerbeet und versuche auszugraben und herauszuziehen, was so hochkommt. Wahrscheinlich werde ich von diesem Knien im kalten, feuchten Erdreich irgendwann Rheuma bekommen, was des Gierschens Absicht zu sein scheint, denn Giersch ist ein traditionelles Heilmittel gegen Rheumaschmerzen und so schließt sich der Kreis.

Als ich eines Tages im Mai den schon fleißig aufgeschossenen Giersch ausriss, bemerkte ich, wie ein dünnes, krummes Himbeersprösslein vor meinen Augen einen guten Zentimeter ins Erdreich sackte. Reflexhaft griff ich zu, um es vorm Einsinken zu bewahren, und zog es wieder hoch. In diesem Moment riss etwas von unten wütend am Pflänzlein und vor Schreck ließ ich los. Der Himbeerspross verschwand in der Erde und hinterließ ein kleines Loch. Ich unterdrückte den Wunsch, mein Gesicht auf die Erde zu legen und hineinzuäugen, denn wer mit solcher Kraft an einer Pflanze ziehen konnte, der konnte auch blaue Augen hauen.

»Du hast gegen eine Wühlmaus im Tauziehen verloren«, sagte meine Frau, als ich die Geschichte am Abendbrottisch erzählte. Selten habe ich meine Familie so heiter gesehen. »Es wird ihr letzter Triumph sein«, erklärte ich, »ich lasse mir doch nicht die Himbeertriebe abnagen. Schlimm genug, dass der Giersch in meinen Himbeeren wuchert.«

»Es sind immer noch unsere Himbeeren«, antwortete meine Frau jetzt richtigerweise, denn wir haben keinen Ehevertrag, und ab und zu erinnert sie mich daran, dass sie nicht nur meine bessere Hälfte ist, sondern auch die bessere Hälfte unseres Vermögens bekommt, falls ich mal einem Fräulein in die Besenkammer folgen sollte.

»Egal«, versuchte ich mein Ansehen bei den Kindern durch markige Wortwahl wiederherzustellen, »das Vieh ist schon so gut wie tot!«

Da ich in jenem Frühjahr mein Gartenbudget schon ausreichend strapaziert hatte, überdies mit Respekt für die Gartenvögel keinen Giftweizen ausstreuen wollte und außerdem kein Vertrauen in irgendwelche Schall- und Brummgeräte hatte, sann ich auf großväterliche Methoden. Und eine davon hieß Jacko.

Jacko ist der Dackel meiner Freundin Susanne, und mir war erinnerlich, dass Dackel in der Jagd für Erdarbeiten eingesetzt werden, also dort, wo die Büchse des Jägers nicht hinkommt. Im Fuchsbau. Im Kaninchenloch.

Jacko musste nicht lange gebeten werden. Kaum hatte er vorm Wühlmausloch Witterung aufgenommen, begann er zu graben, hinter sich einen Berg von schwarzer Erde auftürmend. Schließlich war er ganz verschwunden, man hörte nur seine Hechelgeräusche und sah die Himbeerstängel über ihm erzittern.

Wir tranken derweil Kaffee, und meine Freundin Susanne meinte, man könne Jacko keine größere Freude machen, als ein paar Stunden Buddeljagd. Als Jacko wieder zum Vorschein kam, geschah es allerdings an einer völlig anderen Stelle des Gartens, im hinteren Viertel, wo unser Rhabarberbeet an die Laube der Nachbarn grenzt. Offenbar hatte er wirklich alle Wühlmausgänge aufgegraben. Er war völlig ausgepumpt, aber eine Wühlmaus hatte er nicht zwischen den Zähnen. Ich war ein bisschen enttäuscht.

»Wenn die Wühlmaus zu Hause gewesen wäre, hätte er sie erwischt. Kannste wissen«, sagte Susanne und bürstete ihren Dackel, dessen Zunge unterdessen länger geworden war als seine Beine.

Als sie weg waren, stellte ich mir vor, wie die Wühlmaus am Abend nach Hause käme und ihr vormals hutzeliges, geradeso wühlmaushohes Heim in ein riesiges, unterirdisches kathedralenhaftes Höhlensystem verwandelt vorfände, das außerdem unangenehm nach Hund und Beißtod roch.

»Nein«, würde sie piepsen, »das ist nicht mehr mein Zuhause! Hier bleibe ich nicht eine Sekunde länger!«

Doch schon am nächsten Tag sah ich wieder ein Himbeerpflänzchen welken, zum Zeichen, dass die Wühlmaus unerschrockener war als gedacht. Man soll ja Tiere nicht vermenschlichen. Tiere sind einfach Tiere.

Zwei Tage später sah ich meinen Nachbarn zur Linken, GF Schneiderheinze, mit seiner Frau und einem fachmännisch dreinblickenden Dritten vor seiner ÜGL stehen. Der Fachmann ging herum, scharrte im Boden und betastete die gemauerte Wand. Die Nachbarn wirkten ratlos, und endlich schüttelte auch der Fachmann den Kopf. Da ich nicht sehen konnte, was sie umtrieb, rief ich hinüber, was denn los sei.

»Wir haben einen Setzungsriss in der Wand. Das Fundament muss sich an irgendeiner Ecke gesenkt haben. Als wenn da Erdreich abgesackt wäre …«

Mir fiel sofort der Dackel ein. Ich schrie »Um Himmels willen! Das darf doch nicht wahr sein!« und fiel beinahe in Ohnmacht. GF Schneiderheinze nahm mein Entsetzen mit Verwunderung zur Kenntnis.

»Ja, nun bleib mal ruhig! Du hast 'ne Laube aus Holz. Da kann so was gar nicht passieren!«

Ich rang immer noch nach Luft und suchte Halt an einem Baum. GF Schneiderheinze drehte sich zu seiner Frau und dem Bausachverständigen.

»Der Junge kriegt sich gar nicht wieder ein wegen unserer Hütte.«

Der Bausachverständige trat an den Zaun.

»Setzungsrisse kommen vor. Damit muss man immer rechnen«, sprach er beschwichtigend auf mich ein, »gerade hier in Leipzig, wo rundherum Tagebaue waren und der Grundwasserspiegel manchmal verrücktspielt. Wir machen morgen mal eine Probegrabung und gucken nach.«

»Nein! Ich mach das!«, schrie ich fast schon hysterisch, »wir sind Nachbarn. Nachbarn helfen sich. Ich schippe das alles auf. Ganz allein. Ich habe Zeit.«

In die Verwunderung der drei mischte sich jetzt Skepsis ob meiner geistigen Gesundheit. Also trat ich näher an den Zaun und flüsterte dem herbeigewunkenen GF Schneiderheinze ins Ohr:

»Meine Großeltern sind bei einem Setzungsriss ums Leben gekommen. Sie lehnten gerade zusammen an der Wand im zweiten Stock, als ein riesiger Setzungsriss sich öffnete. Sie hatten keine Chance. Ich war noch ein Kind und spielte draußen. Ich musste es mit ansehen. Ich habe Schuldgefühle, weil ich normalerweise an dieser Wand lehnte. Ich muss das bei dir aufgraben. Alleine. Sonst kommt das Trauma wieder!«

GF Schneiderheinze pustete erst mal ein »Oha!«, und dann wandte er sich an seine Leute.

»Ja, soll er machen. Wegen Nachbarschaft und so.«

Am nächsten Tag grub ich in aller Frühe am besagten Ort alles auf, verstopfte und verpresste die Dackelgänge, so gut es eben ging, machte alles wieder zu und grub dann den wieder befestigten Boden erneut auf, als wäre es das erste Mal. So blieb der Setzungsriss an der ÜGL von GF Schneiderheinze ein großes Rätsel in der mehr als hundertjährigen Geschichte unseres KGV.

»Da haste dich aber mächtig ins Zeug gelegt«, lobte mich GF Schneiderheinze angesichts des gewaltigen Aushubs, »haste vielleicht noch ein anderes Trauma? Irgendwas mit Heckenschneiden?« Er lachte sich scheckig, und ich fand es auch lustig, durfte es aber nicht zeigen.

»Ich habe 'ne Wühlmaus in den Himbeeren, und ich überlege, was ich da mache«, sagte ich, als ob ich noch nichts unternommen hätte. GF Scheiderheinze fühlte sich deutlich verpflichtet. Nachbarn helfen sich. Mit Trauma und ohne.

»Kettensäge«, sagte er schließlich, »ich mach das immer mit der Kettensäge!«

Die Vorstellung, wie GF Schneiderheinze gespenstisch lachend eine kleine Wühlmaus mit einer Kettensäge malträtierte, kam und ließ mich fragen, wer hier der Verrücktere von uns beiden sei.

»Ja«, sagte ich, »aber bevor du deine Gewaltphantasien an so einem Tier auslassen kannst, musst du es erst mal fangen.«

GF Schneiderheinze bemühte sich ein paar Sekunden sichtlich um Verständnis des zuvor Gehörten, bis ihm klar wurde, dass ich weitere Details benötigte.

»Mann, ich schließ 'nen Schlauch an den Auspuff von meiner Motorkettensäge an und leite das Gas ins Loch. Das ist alles!«

Ich leuchtete auf, und wir klatschten uns ab. Ich lieh mir das Gerät und den Schlauch und GF Schneiderheinze fuhr heim zum Mittagessen. Fröhlich tuckerte der benzingetriebene Motor der entkuppelten Kettensäge vor sich hin und erinnerte mich an Dampferfahrten mit meinen Eltern über den Schweriner See, an Streuselkuchen und Kakao und vorüberziehende Schwäne.

Dann, nach etwa zehn Minuten, sah ich sie. Die Wühlmaus! Sie kam unter einem Rhabarberblatt hervor, zum Beweis, dass Jacko doch nicht nur blind in der Gegend herumgegraben hatte. Sie lief jedoch nicht weg, sondern tapperte langsam, immer wieder Pausen einlegend, an der Hüttenwand entlang, als wolle sie etwas neben sich haben, das ihr Orientierung bot in einer sich drehenden Welt. Ich hatte sogar den Eindruck, sie würde schielen.

Offensichtlich hatte sie eine Kohlenmonoxidvergiftung. Gegen meinen Willen ergriff Mitleid mein Herz. Nahrungskonkurrenz hin, Nahrungskonkurrenz her. Auch Missetäter verdienten eine zweite Chance. Resozialisierung. War sie nicht nur durch die falsche Umgebung auf die schiefe Bahn gekommen? Musste nicht jede Wühlmaus in einem Garten zum Mundräuber werden? Würde sie nicht unter anderen Umständen, im Auwald gegenüber, ein wertvolles Mitglied eines funktionierenden Ökosystems sein?

Vorsichtig schlich ich mich an die benommene Maus heran und fing sie, so sanft ich konnte, steckte sie in unseren Picknickkorb, warf ein Tuch drüber und begab mich in Richtung Wald. Lustigerweise kam mir auf dem Weg dorthin Susanne entgegen, die ihren Jacko ausgeführt hatte.

»Schau mal, wenn ich hier habe!«, sagte ich triumphierend und zog das Tuch über dem Korb weg.

Wussten Sie, dass Dackel bis zu einem Meter zwanzig hoch springen können? Ich hätte es auch nicht geglaubt, wenn ich es nicht mit eigenen Augen gesehen hätte.

Mieze Schindler – Liebe gibt es nicht im Supermarkt

Auch mein Schwiegervater kann seine Liebe zeigen. Er zeigt sie allerdings nur kurz, weil er nicht möchte, dass sich das rumspricht. Denn, wenn die anderen wüssten, dass er auch lieb sein kann, dann kämen sie sofort zu ihm und sagten »Ach, sei doch mal so lieb und mach dies und mache das!« und dann wäre es vorbei mit seiner Ruhe. Das ist ja das Geheimnis vieler Grummelbärte, dass sie nur so grummelig sind, um nicht ständig anderer Leute Kram erledigen zu müssen.

Vor ein paar Jahren kam er am Ende eines Besuches zu mir und reichte mir einen Spankorb voller Erdbeerpflanzen. Etwas, das er schon öfter getan hatte, denn seine Erdbeerableger waren aus Gründen, die nur Gott kennt, immer kräftiger und blattreicher als unsere Erdbeerableger, egal, was wir unternahmen.

»Hier«, sagte er, »nimm mal die Mieze mit.«

Ich sah Schwiegervater erschrocken an. Er hatte die Siebzig überschritten. Ein Alter, in dem die allgemeine kognitive Leistungsfähigkeit nachlässt. Mal vergisst man, wo man die Brille hingelegt hat, dann weiß man nicht, wann man seine Tabletten nehmen sollte, und eines Tages ist es dann so weit, und man hält einen Spankorb für eine Miezekatze. Ich zögerte zu reagieren. Sollte ich das Spiel mitspielen, den Spankorb vorsichtig hochnehmen und ihn mit »Na, du bist aber eine süße, kleine Mieze!« herzen? Oder sollte ich ihm beherzt entgegentreten und ihm die Illusion rauben, auf dass er mit Schrecken gewahr würde, dass der Alterswahnsinn eben mit starker Hand an seine Hirnpforte gepocht hatte? Ich entschied mich, ihn nicht zu schonen.

»Das sind … Erdbeerpflanzen!«, sprach ich und sah ihm fest in die Augen.

»Ja«, bestätigte Schwiegervater ungerührt, »die Sorte heißt Mieze. Mieze Schindler. Die kannste nur pflücken und gleich essen. Mit der kann man sonst nichts anfangen. Die wird zu schnell weich.«

Na toll, dachte ich, wieso schenkt er gerade mir eine Erdbeere, die schnell weich wird? Schwiegerväter schenken ja nichts ohne Hintergedanken. Was will er mir damit sagen? Findet er, dass ich zu schnell weich werde und dass man ansonsten nichts mit mir anfangen kann? War ich nicht schon genug bestraft, dass ich jedes Jahr im REWE zukaufen musste, weil selbst unsere Senga-Sengana-Pflanzen (die überall sonst auf der Welt als »ertragsstark« gelten) nicht genug Erdbeeren für die eine lächerliche Erdbeertorte zum Geburtstag meiner Frau abwerfen? Sollen wir uns jetzt auch noch vor unseren Erdbeerpflanzen auf den Bauch werfen, um die paar verweichlichten Winzfrüchte einer wohl zu recht unbekannten Sorte vom Stängel zu zutschen, weil sie andernfalls schon beim Zugreifen zu Matsch wird?

So dachte ich. Aber als ich ein Jahr später das erste Mal eine Erdbeere der Sorte Mieze Schindler behutsamst vom Stängel zog und in den Mund schob, verwandelte sich meine eitle Skepsis unmittelbar in Anbetung.

Ich hatte DIE Erdbeere gegessen!

Die Erdbeere, gegen die alle anderen Erdbeeren wie stümperhafte Versuche schmeckten. Normale handelsübliche Erdbeeren sind ja eher Erdbeerdarsteller aus polystyrolartigem Fruchtfleisch, mit den Aggregatzuständen »schnittfest« und »angegammelt«, etwas, das sowieso daheim dringend nachgezuckert werden muss, damit überhaupt eine Art Erdbeererlebnis auf der Zunge entstehen kann. Aber das hier war etwas anderes. Das flutschte und zerfloss im Mund und war nichts als ein um den Gaumen funkelndes Vorbeihuschen von Frucht und Süße. Erdbeerigkeit im Hier und Jetzt. Komplett untransportabel. Nicht mal regional vermarktbar. Und schon gar nicht von chilenischen Fresadores tonnenweise aufzuziehen und in Kisten um die Welt zu schicken. Authentischer geht es nicht mehr.

Und als wäre diese Sternschnuppe unter den Erdbeeren nicht allein schon die Krone der antikommerziellen Züchtung, hat sie auch noch eine herzerwärmende und seelenstärkende Geschichte.

»Mieze Schindler« trägt nämlich den Namen der Gattin des Professors Otto Schindler, der der Höheren Staatslehranstalt für Gartenbau in Dresden vorstand und der dort 1925 diese himbeerigste aller Erdbeeren züchtete (wie bei der Himbeere sind die Nüsschen der »Mieze« etwas ins Fruchtfleisch gesunken, was ihr einen polsterartig gesteppten Eindruck verleiht). Und zwar tat er dies, indem er die etwas gespreizte »Lucida Perfecta« mit dem oder besser der grundsoliden »Johannes Müller« kreuzte. Warum er die neue Erdbeere nach seiner Liebsten benannte, ist unklar. Vielleicht war sie auch so süß, vielleicht hatte sie auch schon ein paar Pölsterchen, jedenfalls war die Namensgabe ein Akt liebevoller Zuneigung, und das hat man gern im Züchtungswesen.

Die Erdbeere »Mieze Schindler« jedenfalls nahm von Dresden aus ihren Weg in die Kleingärten, denn für alles andere war sie – wie wir jetzt wissen – zu fein. Weit kam sie nicht, denn bald kamen der Krieg und die deutsche Teilung, und so wurde sie ein erst mal rein ostdeutsches Pflänzchen. Im Kleingarten weitergereicht vom Vater oder – wie bei mir – vom Schwiegervater. Fast wie ein Stammesritual. Es gibt Weniges, womit man seine exotische Besonderheit gegenüber Westdeutschen beweisen kann, als mit dem Geheimwissen um die von Hand zu Hand weitergegebene Mieze Schindler. Mittlerweile mag es in Hamburg oder Stuttgart Erdbeerpflanzer geben, die die Mieze anbauen, aber es wird ihnen noch lange dieser Handschlag über Generationen fehlen.

Eingedenk dieser hehren Tradition raunte ich denn auch jüngst zu hessischen Freunden, die mit der Mieze im Mund das Lobpreisen bekamen: »Ja, das ist eine ganz uralte ostdeutsche Sorte. Die hat mir mein … Urgroßschwiegervater vermacht!«

Die Welt im Spiegel der »Harzfeuer«-Tomate

Ich gehe nicht so gern auf Vereinsversammlungen. Rechenschaftsberichte und Protokolle über die technischen Probleme beim Wasserzählerausbau würde ich mir höchstens als Audiodatei anhören, wenn alle anderen Schlafmittel versagt hätten. Aber diesmal war ich mitgegangen, weil meine Frau mich gebeten hatte, sie in der Tomatenfrage zu unterstützen. Erneuerung sei nötig.

»Also, mir schmeckt die ›Harzfeuer‹ überhaupt nicht!«, sagt meine Frau denn auch, als die Tomatenfrage dran ist. Sofort erstirbt das übliche Getuschel und alle sehen meine Frau an, als hätte sie auf die Vereinssatzung gespuckt und »Kleingartenverein verrecke!« gerufen. »Harzfeuer« ist die berühmteste Tomate der seligen DDR, und fast jeder hier baut sie an. GFin Uhlig greift sogar ihrem Mann an den Arm, damit er ruhig bleibt. Der VauVau genießt einen Moment die Welle der »Harzfeuer«-Solidarität und sammelt sie hinter sich.

Dann spricht er meine Frau mit feiner Spitze an:

»Die geschmacklichen Vorteile der ›Harzfeuer‹-Tomate erschließen sich möglicherweise nur dem erfahrenen Tomatenzüchter.«

Diese pikierte Zurückweisung reicht GF Katzsche nicht.

»Außerdem sind alle diese neumodischen Tomaten schuld an der grassierenden Braunfäule, weil die nicht resistent sind«, ruft er. »Wir hatten zu Ostzeiten nicht ein einziges Mal die Braunfäule in den Tomaten und zwar, weil wir die ›Harzfeuer‹ anbauten.«

Meine Frau bezweifelt dies und meint, das hätte wohl eher am pilzvernichtenden Schwefelsmog gelegen, der vom maroden Braunkohlenveredlungswerk Espenhain rübergegast wäre. Unruhe ergreift die Anwesenden. Der VauVau dämmt sie mit Handzeichen ein.

»Wenn ich eben sagte, ich wäre froh, dass alle Gartenfreunde bei der ›Harzfeuer‹-Tomate zugreifen, dann nur deshalb, weil wir fürs nächste Jahr beim Gartenfachhandel wieder einen Preisnachlass für unseren Verein aushandeln wollen. Das machen die natürlich nur, wenn von unserer Seite dann ordentlich eingekauft wird. Es bleibt aber jedem Gartenfreund weiter unbenommen, landfremde Tomatensorten anzubauen.«

»Apropos Landfremde!«, meint jetzt GF Katzsche, »was issen hier mit dem Gartenfreund aus Afrika? Kann dem mal jemand sagen, dass de Tomaten in Deutschland nicht aufn Boden rumliegen sondern am Stab gezogen werden?«

Ich bin ein bisschen froh, dass die interkulturellen Probleme des Kleingartenbaus die Aufmerksamkeit von meiner Frau abziehen, bevor noch ein Untersuchungsausschuss für treuloses Tomatenverhalten einberufen wird. Das plötzliche Kentern des DDR-Kahns im Jahr 1989 hat alle hernach noch irgendwie ans Ufer der Marktwirtschaft gespülten Ostprodukte mit einer leuchtenden »Weißt du noch ...«-Gloriole versehen. Anstatt langsam und gemächlich aus der Mode zu kommen, wurden sie plötzlich zu heiligen Identitätsartikeln, die man gut finden muss, wenn man »von hier« sein will. So auch die »Harzfeuer«-Tomate, die im Übrigen schon zu DDR-Zeiten von der »Harzglut« abgelöst werden sollte, da sie wohl doch nicht so fehlerfrei war, wie jetzt alle tun. Aber das Herz will von Gründen nichts wissen. »Harzfeuer« schmeckt so lala, aber das spielt in diesem Bekennerkreis keine Rolle. »Harzfeuer« ist der sommerwarme Geschmack einer selbst gezogenen Tomate, als man noch jung und wild war und die Sieglinde mindestens so knackig wie diese Kulttomate. Dagegen anzumuffeln, zeigt nur, wie unsensibel meine Frau manchmal sein kann.

Insofern empfinde ich den Themenwechsel als ausgesprochen wohltuend. Der KGV hat freimütig ein paar freie Gärten an Menschen aus aller Welt verpachtet und das hat viel Druck von uns einheimischen Gartenversagern genommen.

»Danke für deinen Hinweis, Werner!«, wendet sich der VauVau nun an GF Katzsche, »mich hat das auch irritiert. Aber die Bodenverhältnisse im Sudan sind andere. Die Liegendzucht von Tomaten ist dort grundsätzlich möglich. Wir wissen allerdings nicht, ob das dort auch so gehandhabt wird. Aber … wir sind dran … und werden Mahmud die hiesigen Anbauempfehlungen … kommunizieren.«

GF Katzsche hebt skeptisch die Augenbrauen. Mahmud hat eine breitere Gefühlsamplitude als alle anderen hier im KGV, und seine Fröhlichkeit ist mindestens so umwerfend wie sein Zorn. Wenn er grillt, lädt er alle ein und teilt die Lammstücke lachend mit einem Hieb seines enormen Schlachtemessers. Die Gefühlsamplitude und der gekonnte Umgang mit Schlachtemessern muss man in Betracht ziehen. Mahmud kommt immerhin aus einem Land, wo man eher geteilter Mensch ist als geteilter Meinung. Möglicherweise hat der Gartenvorstand also nur einen Versuch.

GFin Kulke hat aber schon mit Mahmud über die Tomaten gesprochen, wie sie jetzt mitteilt.

»Aber er hat gesagt, es wäre noch zu kalt, um richtig im Garten zu arbeiten.«

Wir haben Juli. Ob sie Mahmud gesagt habe, dass er sich hinsichtlich einer noch geeigneteren Arbeitstemperatur falsche Hoffnungen macht?

»Ja«, erklärt GFin Kulke, »er will trotzdem noch warten. Aber er war sehr freundlich.«

Murren kommt auf. Mutmaßungen über die Korrelation von Fröhlichkeit und Untätigkeit werden geäußert. Auch wird sich an Einschätzungen zum »Afrikaner an sich« versucht. Der VauVau räuspert sich und will weitermachen, aber die Völkerkunde hat noch nicht fertig.

»Und der Russe geizt seine Tomaten nicht aus«, ruft jetzt Opi Powileit, als wäre ihm das schon anno '43 in Stalingrad unangenehm aufgefallen.

»Familie Schaposchnikow«, korrigiert der VauVau Opi Powileit mit scharfer Zunge. Der Kleingartengedanke kennt keine Völkertypen, nur Gartenfreunde. Mit der ganzen Autorität des Vorstandsvorsitzenden wird er sie jetzt alle hier ins Konkret-Zwischenmenschliche zurückzwingen.

»Das ist ein Spezialfall und hat nichts mit der Herkunft zu tun«, sagt er und setzt gleich kennerhaft zur Nennung von Schaposchnikows zweiteiligem russischen Vornamen an, »Wsewo ... wowo ... (er guckt unter seiner Brille durch auf die Mitgliederliste) Wsewolod ... Ananassi ... quatsch ... Afanassi ... ich hab's gleich ... Wsewolod Afanassi ... wutsch-watsch-witsch ...«

Mir geht auf, warum die Russen so gut im Schach sind. Wenn man jeden Menschen mit einem zischlautüberfüllten Vor- und Vatersnamen anreden muss, wirkt das wie permanentes Gedächtnistraining.

»Jedenfalls ... der Schaposchnikow«, gibt der VauVau jetzt auf, »hat mir schon im vergangenen Sommer erklärt, wie das ist mit seinen Tomaten. Also, er pflanzt sehr gern Tomaten und freut sich auch, dass alles wächst und gedeiht, aber so ausgeizen, freischneiden und schließlich ernten … das mag er irgendwie nicht … Er isst nämlich keine Tomaten.«

GF Katzsche meint jetzt, das sei bescheuert.

»Das ist bescheuert«, gibt ihm der VauVau recht, »aber legal. Die Legalität des Bescheuerten ist Kernelement jeder Demokratie.«

»Aber über die Syrer und deren Kinder müssen wir noch reden«, sagt GF Uhlig, bevor der VauVau hier alles in Toleranz ertränkt, »die spielen hier dauernd Krieg im Garten und zwar auch in den Ruhezeiten. Und dann tun sie immer so, als hätten sie nichts verstanden.«

Meine Frau erklärt, dass es wohl besser wäre, Krieg zu spielen, als im Krieg zu spielen. GF Uhlig zerbricht ein paar Salzstangen, die er sich gerade in den Mund stecken wollte.

»Ich muss mir hier von niemandem Moralpredigten anhören. Ich hab noch selbst in Ruinen gespielt, als hier '45 alles zerbombt war. Das sah hier auch mal aus wie in Aleppo, mein Herzchen!«

Der VauVau seufzt und sagt jetzt: »Leute!«

»Ich stimme GF Uhlig zu«, werfe ich ein, obwohl meine Frau mich sofort mit ihrem »Du möchtest nie wieder Sex mit mir?«-Blick ansieht, »die Ruhezeiten sind wichtig. Gerade für die Kleinen. Struktur heilt. Aber wir sollten nicht der Versuchung erliegen, Deutsch als Schimpfsprache zu benutzen. Deutsch sollte immer die Sprache der Freundlichkeit und des Gartenparadieses sein.«

Das beeindruckt alle enorm, und GF Uhlig wird beauftragt, die Sätze »Jetzt ist aber mal Ruhe da drüben!« und »Andere Menschen wollen schlafen« ins Arabische übersetzen zu lassen.

Die neue Sensibilität hat auch beim VauVau Spuren hinterlassen. Er rückt seine Brille wieder zurecht und meint: »Aber vielleicht ist es unter diesen Umständen keine so gute Idee, den syrischen Gartenfreunden die Tomate ›Harzfeuer‹ anzubieten. Korrigiert mich, aber es klingt doch sehr militärisch, oder? … Ich meine, vielleicht müssen wir das Rabattsortiment doch noch mal der Weltlage anpassen.«

Register wichtiger Termini und Abkürzungen

Akelei (lat. Aquilegia vulgaris): Widerlegt das »Insektenmärchen«, dass es nicht auf die Länge des Rüssels ankommt, lässt sich nur von sehr gut ausgestatteten Hummeln bestäuben; die Samen der Akelei galten deswegen auch als Aphrodisiakum, es wurde gemunkelt, wenn man sich das Pulver der Samen auf die Handfläche reibe und dann eine Frau/einen Mann anfasse, werde dieses Wesen auf der Stelle sexuell erregt. Dem widerspricht, dass die Akelei in der christlichen Symbolik die Dreieinigkeit verkörpert, und zwar wegen der dreizähligen Blätter am Stängel. (Wobei es natürlich Dreieinigkeit auch als erotische Spielart gibt.)

Aprilglocke (im Ernst heißt sie immer noch Kuhschelle oder Kuhglocke, lat. Pulsatilla vulgaris von pulsare, dt. läuten, schlagen): Üppig behaarte Pflanze, die feinen grauen Haare erinnern an die Rückenbehaarung älterer Männer, Hippokrates setzte sie dennoch zur Förderung der Menstruation ein. (Bitte nicht zu Hause nachmachen!), in der russischen Volksmedizin legte man sich gegen Kopfschmerzen Kuhschellenblätter auf den Hinterkopf, aber das spricht mehr für die Verzweiflung verkaterter Russen als für irgendeinen Effekt.

Ausgeizen: Das Entfernen von jungen Trieben aus der Blattachsel der Tomatenpflanzen, um weniger Fruchtansätze mit dann aber dickeren Tomaten zu erhalten. Ist nicht bei allen Tomaten nötig, Buschtomaten und Cocktailtomaten z. B. kann man wuchern lassen.

Bohnen, dicke (lat. Vicia faba): Seit sechstausend Jahren als Bestandteil der menschlichen Ernährung nachgewiesen, verbessert den Boden und die Laune gleichermaßen, der absolute Kaltduscher unter den Hülsenfrüchten, keimt schon bei zwei Grad plus, und das muss ihr erst mal einer nachmachen.

Brennnessel (lat. Urtica): Große und Kleine Brennnessel sind eigentlich keine Unkräuter, sondern Wundergemüse und Heilkräuter. Verfügen über mehr Eisen als Spinat und siebenmal (!) mehr Vitamin C als Orangen, dazu haben sie noch einen Proteingehalt von beinahe zehn Prozent. Kein Wunder, dass der Verzehr von Brennnesselsamen Mönchen verboten war, da sie eine härtere Erektion bescheren, und Mönche dafür keine Verwendung haben. Von 2005 bis 2011 war in Frankreich die Verwendung von Brennnesseljauche und das Verbreiten von Informationen über die Zubereitung von Brennnesseljauche bei Strafe von einem Bußgeld über siebenhundertfünfzigtausend Euro oder zwei Jahren Haft verboten.

Buchs (lat. Buxus sempervirens): Immergrüner Strauch, der es liebt, geschnitten zu werden, hartes Holz, das schon von den Neandertalern als Grabstock genutzt wurde.

Christrose (auch: Schneerose, lat. Helleborus niger): Der Vorname stammt aus dem Griechischen und heißt »Tötende Nahrung«, und deshalb ist die Christrose wie viele anderen Frühblüher – Überraschung! – giftig. Aus der schwarzen (lat. niger) Wurzel wurde früher Niespulver gemacht, u. a. das »Niesmitlust« in Wilhelm Hauffs Märchen »Zwerg Nase«. Niesen war früher hochgeschätzt, denn es galt als der »keusche Orgasmus«, also eine ähnlich lustspendende, unwillkürliche Kontraktion von Muskeln wie untenrum, nur eben obenrum.

DDR: Deutsche Demokratische Republik; Staatswesen im Osten Deutschlands, in dem von 1949 bis 1990 versucht wurde, die Bedürfnisse der Menschen mit den Mitteln einer zentralisierten Planwirtschaft zu befriedigen. Da aber die Menschen zum Teil ungeplante Bedürfnisse wie das nach einer zweiten Rolle Toilettenpapier pro Kopf pro Woche oder völlig neue, irre Bedürfnisse wie das nach engen Nietenhosen mit sichtbaren Abnutzungserscheinungen (sogenannte Jeans) entwickelten und trotz aller Gegenpropaganda darauf beharrten, entstand Unmut bei Planern wie Verplanten, der 1989 zu einer allgemeinen »Na, dann eben nicht! Wenn das hier keiner will, dann lassen wir das eben!«-Stimmung führte, woraufhin das Staatswesen – im historischen Vergleich gesehen – ohne viel Tamtam aufgelöst wurde.

Enzian (lat. Gentiana): Gebirgspflanze, schließt ihre Blüten bei schlechtem Wetter, Erschütterung oder Ehestreit, die Pflanze enthält einen der bittersten Stoffe der Welt, um nicht gefressen zu werden, der Mensch umgeht diesen Wunsch des Enzians, indem er ihn zu Schnaps verarbeitet.

Geranien (auch: Storchschnabel, lat. Geraniaceae): Beliebt bei Gartenfreunden ist neben anderen der Balkan-Storchschnabel, der durch einfaches Austauschen des zweiten A's in einen Balkon-Storchschnabel verwandelt werden kann. Geraniumöl benutzte man zu Großmutters Zeiten zur Parfümherstellung. Es ist seitdem im Geruchsgedächtnis als Altfrauenduft verankert. Hunde fliehen diesen Geruch, weswegen man mit ihm Straßenbäume und Hofeingänge vor dem Bepinkeltwerden bewahren kann.

GF(in) – Gartenfreund(in): Angehörige(r) einer Gartenfreundschaft, die aus rechtlichen Gründen den Namen Kleingartenverein trägt, weil Freundschaft keine Rechtsform ist und deswegen auch nicht polizeilich erzwungen werden kann. Gartenfreundschaft wird aber zuverlässig sichergestellt durch die ungefähr gleiche Größe der Gartenparzellen, sodass für jeden die Ausgangsbedingungen identisch sind und niemand sich herausreden kann.

Habichtskraut (lat. Hieracium aurantiacum): Das orangefarbene Habichtskraut bildet Ausläufer und zwar exakt dort, wo man sie nicht haben will. Gegen die dadurch aufkommende Verzweiflung hilft das *Kleine Habichtskraut* (lat. Hieracium pilosella), das als Cannabisersatz geraucht werden kann und zu einer leichten Stimmungsaufhellung führt.

Harzfeuer (auch: Tomatenlegende): Erste F-1-Hybridsorte der DDR (Samen sind unfruchtbar, muss also immer wieder gekauft werden), 1959 gezüchtet von Dr. Friedrich Fabig aus Quedlinburg, der mit weiteren achtundfünfzig anderen Gemüsesorten einer der produktivsten und erfolgreichsten Pflanzenzüchter seiner Zeit war.

Hibernieren (lat. für Winterschlaf halten): Winterschlaf wird u. a. durch den zunehmenden Lichtmangel und die damit einhergehende abnehmende Vitamin-D-Produktion ausgelöst, was wiederum sogenannte Erstarrungshormone bei diversen Säugetieren freisetzt. Sollten Sie bei Ihrem Partner in der lichtarmen Zeit Auswirkungen von Erstarrungshormonen vermuten, besprechen Sie mit Ihrem Arzt oder Apotheker das Verabreichen von Vitamin D.

Himbeere (lat. Rubus idaeus): Sommergrüner Scheinstrauch mit super Früchten, die den Fettstoffwechsel günstig beeinflussen und sogar Krebszellen erst zum Wahnsinn und dann zum Selbstmord treiben sollen, hat seinen Namen von der Hirschkuh (Hint). Überraschenderweise ist ein Tee aus Himbeerblättern auch noch ein wirksames Mittel gegen Vorwehen und das gefürchtete Prämenstruelle Syndrom. Harmoniebedürftige Männer sollten immer ein paar Unzen im Haus haben.

Jelängerjelieber (lat. Lonicera caprifolium, dt. Garten-Geißblatt): Schön blühende Kletterpflanze, die Gartenlauben komplett überwuchern kann, verströmt gegen Abend einen süßlichen Geruch.

Jungfer im Grünen (lat. Nigella damascena): Blaublütige, einjährige Bauerngartenpflanze, wird von Schnecken nicht angerührt, daher gute Ersatzpflanze für Tagetes (Studentenblume), die von Schnecken gefressen wird, und wenn sie dafür durchs Feuer kriechen müssen.

KGV: Kleingartenverein, Verein zur Ausübung von Erholung und Gartenbau auf Kleinparzellen des Zwischennutzungslandes.

Lavendel (lat. Lavandula angustifolia, Lavandula officinalis, Lavandula vera): Von Menschen und Insekten überaus geschätzter, blau-violett blühender Lippenblütler, der durch seinen Wohlgeruch besticht, der Name rührt vom lateinischen Lavare, also Waschen her und beweist die frühe Nutzung als Badezusatz. Lavendel wirkt schlaffördernd und angstlösend und hemmt Nagelpilz, sodass man ohne Angst vor Nagelpilz auf seinem Lavendelkissen einschlafen kann.

Maiglöckchen (lat. Convallaria majalis): Sehr giftige und gesellige Pflanze aus der Familie der Spargelartigen, bildet Banden und wandert damit durch den Garten. Kinder sollten ferngehalten, über die Gefährlichkeit dieser Pflanze belehrt und trotzdem noch beaufsichtigt werden, denn Maiglöckchen können auch mit dem leckeren Bärlauch verwechselt werden, wenn man nicht weiß, dass Bärlauch nach Knoblauch riecht und viel früher, nämlich schon im März in vollem Blatt steht.

Margerite (lat. Leucanthemum vulgare): Rasenbildender Korbblütler, kann sich überall verbreiten, wo nicht ständig seine vorbildlich einfachen Korbblüten abgeknipst und nach »Sie liebt mich – Sie liebt mich nicht« befragt werden. Da die Zahl zwischen gerade (zwanzig) und ungerade (fünfundzwanzig) differiert, wird bei ständiger Befragung der Margerite eine Verunsicherung in der Liebe verbleiben, die sich jedoch produktiv auswirken kann.

Märzenbecher (lat. Leucojum vernum): Eigentlich Frühlingsknotenblume, Märzenbecher ist nur der Künstlername. Sicher ist, dass sie als Frühlingsknotenblume nie Karriere gemacht hätte. Wir kennen das von Udo Jürgens, der ja eigentlich Jürgen Udo Bockelmann hieß.

Mieze Schindler (Erdbeerlegende): Auch als Himbeererdbeere bekannte, von Otto Schindler und nach seiner Frau benannte Erdbeere, die einzigartig schmeckt und in keinster Weise lager- oder handelbar ist.

Pelargonien (lat. Pelargonium): Südafrikanische Schwester der Geranie.

Primel (lat. Primula): Der Primus unter den Pflanzen, blüht früh und kann deswegen an wintermüde Blütenhungrige (vorzugsweise Damen in reifem Alter) schon im Februar im Topf verschenkt werden.

Radieschen (lat. Radix oder Raphanus sativus var. sativus): Frühgemüse mit scharfer Speicherknolle, das nach Aussaat im März schon nach vier bis sechs Wochen erntereif ist (wenn man weiß, wie es geht).

Salomonssiegel (auch: Vielblütige Weißwurz, lat. Polygonatum multiflorum): Grüne Pflanze, die aussieht wie eine Kreuzung aus Maiglöckchen und Tränendem Herz, mit Folgen, wie wir sie aus Marilyn-Monroe-Albert-Einstein-Witzen kennen. Fällt in jedem Beet auf, aber eher so wie der etwas schrullige Kollege.

Schlüsselblume (lat. Primula veris): Die Giraffe unter den Primeln. An ihrem langen Hals hängen die Schlüsselchen, die an Petrus' Himmelsschlüssel (ein weiterer Name) erinnern. Da sie mit ihren Blüten scheu nach unten guckt, ist sie dem empfindlichen Auge angenehmer als die normale Primel mit ihrem »Schau mir in die Blüte, Baby!«-Auftritt.

Schneeglöckchen (lat. Galanthus nivalis): Bote des Vorfrühlings, gehört zu den Amaryllen. Wenn Sie sich nicht mehr erinnern können, wie diese kleine hübsche Pflanze im Schnee heißt, wird es Zeit für die Einnahme von Galantamin, einem Alkaloid des Schneeglöckchens, das gegen Demenz hilft, in dem es den Neurotransmitter Acetylcholin fördert.

Schwarzwurzel, spanische (lat. Scorzonera hispanica): Gilt rätselhafterweise als Spargel des kleinen Mannes, obwohl er, was Aufzucht und Verarbeitung betrifft, eher eine Hochschulausbildung verlangt. Macht beim Schälen mit seinem weißen Milchsaft die Hände braun, was ausgesprochen schwer abgeht. Also nur was für Menschen, die auf Partys mit einer Pigmentstörung angeben wollen.

SEK: Sondereinsatzkommando, etwas umfassender und kriegerischer ausgerüstete Spezialeinheit der

Polizei, die überall dort zum Einsatz kommt, wo dem normalen Streifenpolizisten auf die Frage »Darf ich bitte mal ihre Personalpapiere sehen?« mit Einzelfeuer aus einer Pistole oder Salven aus halb automatischen Waffen geantwortet wird, also bei Geiselnahmen, verschanzten Schwerverbrechern, Terroristen etc.

Studentenblume (lat. Tagetes): Hat ihren Namen vom etruskischen Gott Tages, der aussieht wie ein Kind, aber über die Weisheit eines Greises verfügt. Tages gab den Etruskern die Gabe, Zeichen der Vorsehung zu erkennen, und die Wissenschaft hat das in unseren Tagen noch mal bestätigt, denn Tagetes enthalten Lutein, welches essenziell für das menschliche Sehvermögen ist.

Tränendes Herz (auch: Flammendes Herz, lat. Lamprocapnos spectabilis): Eine Pflanze aus der ebenfalls ganz zauberhaft benamsten Unterfamilie der Erdrauchgewächse, weswegen jeder Mensch mit Gefühl an dieser Stelle die botanische Systematik sofort verlässt, um ein Gedicht zu schreiben.

ÜGL: Übergroße Gartenlaube, ostdeutsche, oft gemauerte, auch zweistöckige, und damit übergroße Form der GL (Gartenlaube), die durch die Überleitungsvorschrift für Gartenlauben (§18 des BKleinGG) und den Überleitungsregelungen aus Anlass der Herstellung der Einheit Deutschlands (§20a des BKleinG) pächterunabhängig (!) im Bestand geschützt sind.

VauVau: Vereinsvorsitzender des KGV, hat die Vollmacht zur Führung der Vereinsarbeit, kontrolliert und delegiert die Umsetzung der beschlossenen Vereinszwecke und ahndet Abweichungen. In dieser Eigenschaft repräsentiert er den Kleingartenverein nach innen wie nach außen und ist zur Sichtbarmachung der ihm übertragenen Vereinsvollmacht in Gang und Gebärde aufgefordert.

Vergissmeinnicht (lat. Myosotis): Pflanzengattung mit kleinen blauen Blüten, die beinahe überall auf dem Planeten denselben Namen trägt (im Englischen »Forget me not« ebenso wie im Chinesischen »Wùwàngwo«), wird in etlichen Ländern zu Anlässen als Sträußlein im Revers getragen, um Toter und Gefallener zu gedenken.

Vexiernelken (auch: Samt- oder Kronennelke, lat. Lychnis coronaria): Vielblütige, pinkfarbene, kurzlebige Staude (drei bis vier Jahre), säht sich selbst aus, ohne vorher zu fragen, blüht ausdauernd von Juni bis September, wobei jede Blüte nur einen Tag blüht

VKSK: Verband der Kleingärtner, Siedler und Kleintierzüchter, Zentralorganisation aller vorgenannt Tätigen in der DDR, sollte sicherstellen, dass auf den Pachtgrundstücken ausschließlich Hobbies und Erholung und nicht ungesunder politischer Debatten gefrönt wurde.

Vogelmiere, gewöhnliche (lat. Stellaria media): Eine einzige Pflanze produziert bis zu fünfzehntausend (!) Samen, zwei bis drei Generationen pro Jahr, mehr muss man nicht wissen. Wenn es eine Steigerungsform von Unkraut geben würde, hier wäre sie passend.

Zaunblättling, gemeiner (lat. Gloeophyllum sepiarium, syn. Daedalea sepiaria, Lenzites crocata und L. sepiaria): Befällt Totholz und durchdringt es mit seinem Myzel, bis es auseinanderbröckelt. Dabei macht er keinen Unterschied zwischen unnützem Totholz im Wald und sinnvollen Holzbauten wie Kinderspielgeräten auf Spielplätzen, Sandkasteneinfassungen und eben auch Zäunen, was für eine gewisse Einfältigkeit und Lernschwäche spricht.

Zucchini (lat. Cucurbita pepo subsp. pepo convar. giromontiina): Eine Form des Kürbis, braucht mindestens zwei Quadratmeter Platz, ansonsten so anspruchslos, dass man fast schon von Selbstverleugnung sprechen muss, und hyperproduktiv. Sondert aber Ethylen ab, was Äpfel und Tomaten schneller reif bzw. matschig werden lässt.

Inhalt

Stefan Schwarz, geboren 1965, Journalist, Schriftsteller und Drehbuchautor, verbrachte seine Ferien im üppigen Bauerngarten seiner Großeltern, wo er sich mit Knupperkirschen, Zuckererbsen und Johannisbeeren vollstopfte. Die Erinnerung an diese Zeiten der Fülle bewogen ihn dreißig Jahre später, eine Kleingartenparzelle zu pachten. Seine letzten optimistischen Worte waren: »Ich hab das im Blut!« Der Rest steht im Buch.

Katharina Greve, geboren 1972, studierte Architektur und lebt als Zeichnerin in Berlin. Ihr Webcomic *Das Hochhaus* erhielt 2016 als bester deutscher Comic-Strip den Max und Moritz-Preis. Eigenes Grün hat sie nie besessen, bezeichnet sich selbst aber als »Garten-Sympathisantin« und trainiert für den Ernstfall täglich an ihren Zimmerpflanzen.